職場

LEARNING IN THE WORKPLACE
JUN NAKAHARA

学習論

新装版

仕事の学びを科学する

中原淳

東京大学出版会

Learning in the Workplace
[Revised Edition]
Jun NAKAHARA
University of Tokyo Press, 2021
ISBN 978-4-13-040302-3

職場学習論　新装版——仕事の学びを科学する　目次

はじめに

はじめに

　職場において，人は，様々な人々から，様々な支援を受けて成長し一人前
になる。この事に異論を差し挟む人は少ない。

　しかし，問いをより一歩具体的に進め，「人は，どういった支援を受けて
成長するのか」，はたまた，「どういう特徴を持った職場であったら，人々は
助け合い，かかわりあいを持とうとするのか」ということになると，わたし
たちは，この問題に関して知っていることは，あまり多くないことに気づか
される。

　本書で筆者が探求したいことは，まさに，これである。

　筆者は，本書で，これまで，いわば「ブラックボックス」と化していた
「職場における人々の学習」にアプローチすることを試みたい。具体的には，
「人は，職場で，どのような他者とかかわり，どのような成長を遂げるのか」，
また，「人が成長する職場というものは，どのような組織的特徴を持ってい
るのか」について実証的に探求を行いたい。

　この「はじめに」では，筆者が本書を執筆するに至った「経緯」を述べた
いと思う。脳裏には2つの共同研究プロジェクトと，そこでの経験が浮か
ぶ。

　筆者が，職場の中の学習（Workplace learning）の研究を進めていくにあた
り，非常に印象深かった共同研究は2つある。株式会社富士ゼロックス総
合教育研究所，松尾睦，筆者で行った共同研究と，株式会社ダイヤモンド社，
松尾睦，筆者で実施したそれである。

　前者の，株式会社富士ゼロックス総合教育研究所との共同研究は，「かか
わりの中で人は育つ」をキーワードにして，日本企業に勤務する2300名あ
まりのビジネスパーソンを対象にした社会調査であった。

　その調査のプロセスにおいては，職場において他者からなされる支援には，
本文でも触れるように「内省支援」「業務支援」「精神支援」という異なるタ
イプの支援が存在すること，など，非常に興味深い知見が得られた。

　この共同研究に深く関与していた筆者が自ら述べるのは，手前味噌になるのかもしれないが，これは日本の人材育成にかかわるビジネスパーソンに対して，大きな問題提起を行うことになった社会調査であったと思う。それまであまり顧みられることのなかった，「職場における人々の学習の実態」について人材マネジメントや人材育成を担当する実務家の関心が高まった。

　従来から行われていた一方向的な情報提供による講義形式の研修，あるいは，いわゆる高度経済成長期に隆盛をほこった OJT（On the job training）を問い直し，それにかわる支援のあり方を模索する動きがあらわれはじめた。

　共同研究の結果は『人材開発白書2009』として実務家向けの報告書として，数十ページにまとめられた。本書は，この共同研究で得られたデータをもとにして，再度，概念の見直し，データの再分析，モデル構築，さらには追加分析を行い，新たな知見を提出したものである。この分析を通して，先の問題提起が，さらに精緻化・厳密化され，「職場における人々の学習」が，学術界にも幅広い関心を持っていただけるものになることをめざしている。

　後者の株式会社ダイヤモンド社，松尾睦，筆者との共同研究は，職場における学習を促進する職場風土を定量化し，分析するものであった。この調査は，富士ゼロックス総合教育研究所との共同研究よりさかのぼること1年前に，はじまった。

　本書は，これより読者諸氏を「職場の学習」を探求する「旅」にいざなう。

　序章は，本論への「助走」である。ここでは，なぜ筆者が「職場の学習」に着目したのかについて述べる。また，本書で用いる用語の確認，本書の構成を先に述べる。

　第1章は，本書の社会的背景と理論的背景を述べる。そのうえで，本書で用いる2つの社会調査のデータの説明を行う。

　第2章から第4章では，「職場において人は，どのような他者から，どのような支援を受けているのか」，そのことによって，「職場において，人は，どのような能力向上を果たすのか」について議論を行いたいと思う。また，同時に，そのような支援が提供される職場とは，どのような特徴を持つ職場なのかを考察する。

　第5章では，「職場内のコミュニケーションが，職場で働く人々の能力向上にどのように資するのか」，また，「職場内のコミュニケーションに影響を与える職場の風土」についても考察する。

　このような議論をふまえ，最終章では，本書の内容を総括し，さらなる研究課題，新たな研究領域の萌芽について言及したいと思う。

　本書の分析や問題提起がきっかけで，「職場における学習」に対して，経営学，教育学，心理学，社会学など，様々なディシプリンの研究者の関心が集まったとしたら，望外の幸せである。

　ようこそ，「職場の学習」の世界へ！

2010 年 8 月 20 日

中原　淳

序章　職場の中の学習をとらえる

> 発達しつつある人を，強力で持続的な情緒的愛着を発達させてきた「誰か」と一緒に，複雑で相互影響が認められる活動のパターンに参加させ，その際，勢力の均衡が発達しつつある人に有利になるように変化するならば，学習と発達が促される。
>
> (Bronfenbrenner, U.)

本書の問題関心は何か？

6万8400時間……この無限とも思われる時間は，いったい，何を意味するのか。

これは，大卒・正社員の平均的なビジネスパーソンが，一生涯に，いわゆる「職場」で過ごす時間である。仮に22歳から勤め始めたとして定年の60歳までの38年間，1日8時間労働を週5日45週間行った場合に，この値が求められる。

ちなみに，義務教育課程9年の合計時間は，概算1万4000時間程度であると言われている。実に，ビジネスパーソンは，その5倍程度の時間を，「職場」で仕事をしながら過ごしていることになる。

「職場」は「仕事の現場」であるのと，同時に，私たちにとって「学習の現場」でもありうる（Billet 2004, Hodkinson 2005, Bottrup 2005）。私たちは仕事に従事しながら，日々，新たな知識・技術・ノウハウを獲得し，共有している。後で詳述するが，ここで「職場」とは「責任・目標・方針を共有し，仕事を達成する中で実質的な相互作用を行っている課・部・支店などの集団」のことをさす。

2

　もちろん，職場が「学習の現場」であるといってもそれは「学校」ではない。

　しかし，昨日できなかったことが今日できるようになる。昨日はわからなかったことが，今日はよりわかるようになる。あるいは，全く逆に，昨日まであれほど鮮明にわかっていたはずのものが，虚ろに見えるようになってしまう。昨日までの常識が，今日には非常識になる。昨日まで自信を持ち得たことが，不確かになる。こうした行動や認知の変化が起こりうるのが，職場であり，6万8400時間においてである。こうした，私たちに起こる行動，認知，情動の変化を，ここでは「学習」とよぶことにしよう。

　もしかすると，「学習」という言葉にいぶかしがる方もいるかもしれない。学習とは，初等教育・中等教育・高等教育においてなされるものであり，「職場」においてなされるものではないのではないか，と。一般に，教育課程を終えた大人は，「社会人」とよばれる。この定義に従えば，社会人とは，まさに「学び終えた人」という意味であり，「学習」という言葉から最も遠い存在になる。

　しかし，本書は，そのような視点をとらない。むしろ，「人は生きている限りにおいて常に学び続ける，あるいは，変わり続ける」という「人間観」に従って，のちの議論を進める。私たちは，生けとし生きる限りにおいて，常に学び続けている。

　実際に，私たちは，仕事を進めていく上でどうしても必要になることは，その場で学ばなければならない。そうしたプロセスを「果てないあやとり」のように繰り返し，人は，様々な知識・スキルを身につけ，やがて職場で「一人前」になっていく。

　つまり，仕事とは「学習」を必然的にともなう。言うまでもなく，「学習」とは，必ずしも学校教育の1万4000時間に限局されるものではない。6万8400時間を過ごす「職場」においても，人は確かに学んでいる。日常，私たちが満員電車の中で見かけるビジネスパーソンの「職場」に，「仕事」と「学習」はともに存在している[1]。

　しかし，この「職場での学習」には必ずしも，これまで研究のスポットライトが真正面からあたってはいなかった。「職場での学習」は，その性質上，

企業組織を扱う経営学と，学習の問題を扱う教育学[2]，あるいは学習論の狭間にぽっかりとあいた学問分野である。この狭間の奥深いところに，誰もが目にするビジネスパーソンの学習や成長の問題は眠っていた。

　もちろん，研究者の中には，谷間に眠っているものに注目したものもいないわけではなかった。しかし，その問題が舞台にのぼり，スポットライトを浴びるまでは，長い時間がかかった。

　こうした事態に，いくばくかの変化が訪れたのは，1990 年代後半から2000 年代にかけてであった。

　「変化の兆し」はいくつかの方向から生まれた。

　第 1 に，企業人材育成研究，および実務の領域において，デービット・コルブの提唱した経験学習モデルに再評価の目が向けられた（Kolb 1984）ことである。コルブは，教育思想家ジョン・デューイの経験による学習，および，反省的思考の概念を 4 段階のモデルに整理し，実務家に広める役目を担った。コルブの提唱した経験学習モデルに関する詳細な議論は，第 2 章において行う。

　経験学習モデルは，バブル期に隆盛を極めた MBA 教育——特に体系的かつ網羅的に知識を蓄積し，切れ味のするどい分析ツールを身にまとうことがビジネスでの成功を約束するということを暗黙の前提においた教育——に対して，ヘンリー・ミンツバーグ（Mintzberg 2004）に代表されるような識者が反省の目を向け始めたことと呼応して，世に広まりを見せた。

　企業人材育成の実務領域においては，ビジネスパーソンは仕事の現場で経験を通し，それを省察することで学習することができるという認識が次第に

---

1)　もちろん，第一線で働くビジネスパーソンに「あなたは学んでいますか」と問えば，「わたしは学んでいない，仕事をしている」と答えるだろう（Boud & Solomon 2003）。しかし，彼／彼女がいくら意図的であろうと，なかろうと，意識していようと，いなかろうと，仕事には学びはともなっている。そして，それは日常的な仕事のプロセスの中に埋め込まれており，普段は意識することはないこともある。これが，ビジネスパーソンを対象にした学習研究の難しさでもある（濱中 2008）。

2)　教育学において，成人の学習は，古くはノウルズ（Knowles 2005）の成人学習理論，近年ではメジロー（Mezirow 2000）の変容学習理論において探求されてきた。教育学内部のカテゴリーでは，社会教育学・生涯教育学といったカテゴリーにおける分野にある。しかし，その研究の多くは社会教育施設や生涯教育施設における成人学習を対象にしており，通常の企業における働く成人の学習にアプローチした研究はそう多いわけではない（中原・金井 2009）。

広まった。成人の能力発達の 70% 以上は現場の仕事経験によって説明可能であるという研究も紹介されるようになった（Morrison & Brantner 1992）。

　第 2 の兆しは，リーダーシップ開発実践の流れからもあらわれた。その立役者は米国最大のリーダーシップ教育の NPO である「Center for Creative Leadership」（創造的リーダーシップ研究所；CCL）に所属し，現在は南カリフォルニア大学で教鞭をとるモーガン・マッコールらの研究者たちだった。

　1980 年代中盤以降，彼らは上級役員を対象に，自らの量子的な跳躍（Quantum leap experience：仕事の上で飛躍的に成長した出来事）が何かを報告してもらうという定性的調査研究（McCall 1988a, 1988b）を行ってきた。

　例えば，マッコール（McCall 1988a）は，米国 6 つの主要企業の経営幹部 191 名を対象として，各人からマネジメントに影響を与えた項目を抽出，分析した。そこからは 616 個の経験と 1547 個の教訓を抽出している。続く著作の『ハイフライヤー』（McCall 1988b）においては，*The lessons of experience: How successful executives develop on the job*（McCall 1988a）では議論を展開できなかったリーダーシップを「学習」するための統合的なフレームワークについて議論をしている。

　これらの基礎研究に基づいて，マッコールらは，CCL においてリーダーシップ開発の実践を進め，世界的な注目を浴び始めた。マネジャー教育の中で特に大きなウェイトを占めるのはリーダーシップ開発である。その流れの中に「経験」「内省」という経験学習モデルの言葉が目につくようになり始めた。

　この研究の流れは，日本国内にも発展した。その先鞭をつけたのが組織行動論の分野で最先端の研究を生みだし続けている金井壽宏である。

　金井（2002）は，日本企業に勤める 20 名の経営幹部にインタビュー調査を実施し，自身の成長につながった「一皮むけた経験」を 3 つあげてもらった。

　「入社初期段階の配属・異動」「初めての管理職」「新規事業・新市場のゼロからの立ち上げ」「海外勤務」「悲惨な部門・業務の改善と再構築」「ラインからスタッフ部門・業務への配属」「プロジェクトチームへの参画」「降

格・左遷を含む困難な環境」「昇進・昇格による権限の拡大」「ほかのひとからの影響」「その他の配属・異動，あるいは業務」といったような典型的な経験が抽出された。

　谷口智彦は，1）経営役員層 11 名，中間管理職層 12 名に対するインタビュー調査，2）製造部門，営業部門の拠点長，部門長などの経営主要幹部クラス対象アンケート調査を通じて，彼らのキャリアと経験による学習の関係を明らかにした（谷口 2006）。

　金井（2002）や谷口（2006）らが定性的手法により経験学習に接近しようとしたのに対して，定量的な手法によって問題への近接をはかったのが松尾睦である。松尾（2006）は，自動車営業・不動産営業・IT 技術者など，いくつかの職種において，経験を通した熟達化のプロセスを，量的な実証研究によって明らかにした。これらを受けて，筆者らも，経験学習における「経験」と「内省」の概念について，教育学・経営学の立場から理論的接合を試みている（中原・金井 2009）。

　このように経験学習に関する研究が増えていくに従って，現場で様々な実践，あるいは，教育が行われるようになってきている。近年の企業人材育成の実務領域では，「経験のデザイン」や，「省察」「内省」「リフレクション」といった言葉が並ぶようになってきた。

　しかし，ここで筆者は，経験学習の意義や経験を通じて個人が学ぶことの重要性を認めつつも，そのコンセプトにおいて，ともすれば見落とされがちなものを指摘せざるをえない。それは，多くの「職場」において存在しているものであり，日々，私たちが目にしているものである。

　「他者」——これである。

　考えてみれば，私たちの「職場」には「他者」があふれている。口うるさいが頼りがいのある上司，頼りになる先輩，気が置けない同僚，時に厳しく指摘してくれる顧客。そういう人とのポジティブなかかわりの中に自己を定位することができれば，仕事人として申し分のない成長をとげることができるのかもしれない。

　反対に，仕事を任せっきりの上司，成果を横取りしようとする先輩，競争心をむき出しにした同僚，突然商談をふいにしてしまう顧客。このようなネ

ガティブなかかわりの中で，仕事をせざるをえない状況もないわけではない。仕事をしていく上での成長——つまりは，個人の能力向上に対して，他者の影響を考察していくことが，極めて重要であると筆者は考える。

　また職場の文化・風土というものも，学習にとって決定的な要素である（Edmondson 1999）。どんなに他者が職場にあふれていようとも，職場の文化・風土が，人々の自発的援助行動を妨げてしまうようなものであったとしたら，彼からの支援を受けることは期待できない。個人の成長や能力向上について考える際に，職場の文化・風土の影響を考察することが求められている，と筆者は考える。

　繰り返しになるが，人は，仕事を通じて様々な経験をしつつ，学習することは間違いない。しかし，そのとき，人の傍らには「他者」がいる。仕事を通じて能力向上を果たす際に，私たちは，他者とのかかわりの中にあり，彼らから支援を受けている。時に他者に手取り足取り助けられ，時に厳しく叱責されながら，仕事をこなしつつ学習する。そして，職場の文化・風土は，そうした他者の行動に強い影響を与えうる。

　本書は，そのような「職場，他者，文化，学習」のダイナミズム——つまりは，職場の他者から支援された学習，あるいは，そうしたダイナミックなプロセスに影響を与える職場の文化，職場の風土に対して実証的に肉迫しようとする試みである。これを既存の「経験学習論」に対応させ，筆者は「職場学習論」という名称で論じたい。

　6万8400時間という永遠とも思える時間の中にいる他者。人が能力向上を達成する上で，彼らがどんな影響を与えているのかを考察すること，さらには他者の行動に影響を与える組織要因に対して分析を深めることが，本書の目的である。

主要概念の定義

　本書で用いる主要な概念については，次のように定義を行うものとする。定義づけを行う概念は「他者」「学習」「支援」「職場」の4つである。

「他者」

　職場における学習に対して強い影響を与えうる他者として多くの人々に想定される者は，いわゆる上位者，つまりは上司や先輩である。つまり本人を起点とした垂直的次元の発達支援関係がまずは想起される。通常，こうした垂直的次元の発達支援関係を OJT（On the job training）とよぶ。OJT とは一般に「上位者―下位者間の 1 対 1 の教育訓練」（小林 2000）をさす。

　従来の人材育成研究においては，職場の学習として OJT が様々な角度から研究されていた（Lengermann 1996, Cromwell & Kolb 2004, 榊原 2004 など）。しかし，必ずしも学習は OJT が想定する垂直的な社会的関係に限定されているわけではない（中原・金井 2009）。それは，個人を包囲する多種多様な人々――同僚・同期などの水平的次元の人間関係，時には，部下，社外の顧客，協業者，勉強会などで出会った人などの，様々な社会的関係を通して生起する（中原 2010, 富士ゼロックス総合教育研究所 2008）。

　例えば，「過去 3 年以内にあなたは仕事をしていく上で，どのような人のお世話になりましたか」という問いをビジネスパーソンに投げかけたとする。「上司」や「先輩」を答えとしてあげる人もいるかもしれないが，過酷なプロジェクトをともに闘った「同僚・同期」「部下」の名前をあげる人もいるかもしれない。

　いずれにしても，職場における能力向上を考察する際には，垂直的次元や水平的次元の発達支援関係を含む様々な人々との関係を想定にいれる必要がある。しかし，従来の，組織と学習に関する研究においては，必ずしも，それが十分になされていたわけではなかった。

　本書において他者とは，「仕事を達成する中で関与のある人」という意味において用いる。特に第 2 章から第 5 章においては，「職場における他者」として，上司，上位者・先輩，同僚・同期，部下の 4 カテゴリーとの社会関係を考察する。第 6 章においては，社外の顧客，協業者，勉強会・交流会で出会った人々との関係で生起する学習においても，考察を深める。

「学習」

　学習の定義は，学問領域や依拠する理論パラダイムによって異なる。伝統

的な心理学は学習を「経験により比較的永続的な行動変化がもたらされること」（中島 1999）として定義してきた。

「経験により」という制約を設けているのは，学習を「遺伝」と区別するためであり，「比較的永続的な」という規定をしているのは，一時的な疲労などと区別するためである。

しかし，必ずしも，人間の学習は行動変化のみに限定されるわけではない。知識の獲得，つまりは認知行動の変化をその概念に含めるべきだという立場もあるし（日本認知科学会 2002），自信の回復といった情動の変化も学習に含まれるとする立場もある（岡本・清水・村井 1995）。

このような背景を踏まえ，本書においては，学習を「経験によって，比較的永続的な認知変化・行動変化・情動変化が起こること」として非常に広範囲にとらえるものとする。信念や価値観の変化といったものも，この中に含まれるものとする。

さて，次に問題となるのは，個人の内的プロセスである学習をどのように外部の第三者が測定しうるのか，ということである。主に学習者の外部から個人内において生起する学習を測定する場合，定量的手法あるいは定性的な手法など，様々な方法が考えられる。

定量的調査で最も頻繁に用いられるのは質問紙調査である。質問紙調査においては，直接，被験者の自己評価・自己報告をもって学習が生起したとみなす場合が多い。つまり，「本人によって知覚された能力向上の認知」をもって，学習が生起したとみなす。

「知覚された能力向上の認知」を測定している先行研究には，教育研究においては溝上・中間・山田・森（2009）や山田（2009）などがある。また，組織行動論の領域においては，榊原（1991・2004）や榊原・若林（1990）がある。

榊原・若林（1990）は，愛知県の地方自治体職員の課長・課長補佐クラスに必要な能力について，質問紙調査によって自己評価の測定を試みている。榊原（1991）は，教育訓練の効果を測定するために，企画力，統制力，リーダーシップ，実行力の 4 次元の因子を提案し，教育訓練の事前と事後において，どのような能力向上が見られたかを測定している。

　一方，質的な調査においては，学習者の行動，あるいはそれを通じた学習環境全体の変化をエスノグラフィー（例えば志水 1998，中原 1999，山内 2003，森 2009），エスノメソドロジー（例えば山口・稲垣 1998，加藤・井出・鈴木 1999），あるいは，聞き取り調査（小池 2000）といった手法で明らかにすることが多い。

　本書においては，定量データと定性データを組み合わせて，職場で生起する他者の支援を通じた学習に接近を試みるものとする。具体的にどのようなデータを用いるのかについては，1.4 節で詳細を論じる。

「支援」

　テイラーの科学的管理の提唱以来（Taylor 2009），企業・組織の成立原理，運用原理の根幹にあったものは「管理」である。

　管理とは，「多数の人間の活動を特定の目的のために結合することによって目的を達成させようとする行為」（小橋 2000）である。管理は官僚制に代表されるような組織において，組織のめざす目標が，所与で，かつ，固定的であるときには，より高いパフォーマンスを発揮しうるものだと理解されている。

　しかし，現代になって，管理は，その効果に限界が指摘されていることも，また事実である。グローバル化の進展によって，変化のスピードが加速し，組織のめざす目標さえも，常に変化しうるようになってきたことが，管理を難しくさせている。また，管理が，人々の上に重くのしかかり，創造的な仕事を阻害したりする事態は，現代人の誰もが一度は経験したことのあることだろう。それに対して，現在，異なったパラダイムとして提唱されているのが「支援」である（今田 1997・2000，小橋・飯島 1997）。

　小橋（2000）によれば，支援とは「何らかの意図をもった他者の行為に対する働きかけであり，その意図を理解しつつ，行為の質を維持・改善する一連のアクションのことをいい，最終的な他者のエンパワーメントをはかること」であるという。

　職場における能力向上において，他者が本人に対して行う働きかけは，あくまでその本人が自らの意図実現のための行動をエンパワーする行為である。

よって本書における「支援」の定義も，小橋のそれに従いたい。

学習研究においては，個人の認知的発達，および，学習の支援として「道具」や「他者」の存在がかかげられてきた（二宅・波多野 1991）。1990 年代後半以降の認知科学・学習科学においては，人間の賢さや有能さの源泉を個人の頭の中の情報処理過程に求める情報処理アプローチに対して異が唱えられ，人間の認知がいかに外界の道具や他者によって制約や支援を受けているかを探求するアプローチが主流になりつつある。

支援という観点から，本書のテーマである「職場における学習」をながめるとき，まず目につくのは，職場において人が，インターネットや知識共有ツール，営業支援ツールなどの「道具」の支援を受けていることであろう。

しかし，職場における学習に対して最も大きな影響を与えているのは，「他者」——つまりは，職場にいる自己以外のメンバーである。

本書では，この「他者からの支援」に対してスポットライトをあてる。具体的には，職場において人が他者から受ける支援を，「業務支援」「内省支援」「精神支援」の 3 つに分けて，それらが職場のメンバーの学習にどのような影響を与えているかを考察する（第 4 章）。

「職場」

職場は定義が難しい概念である。『広辞苑』（第 6 版）によれば「事業所・工場などにおける各自の受持ちの仕事場」とある。しかし，受持ちの職場の範囲は，大きく，その人の職域や職種に依存する。

人によっては，職場を「自席の周りの数人」を思い浮かべる人もいれば，「自席のあるフロア」を思い浮かべる人もいる。課全体を思い浮かべる人もいれば，部を思い浮かべる人もいる。

本書において「職場」とは，「責任・目標・方針を共有し，仕事を達成する中で実質的な相互作用を行っている課・部・支店などの集団」をさすものとする。

本書の構成

第 1 章では，本書の社会的背景を述べるとともに，組織社会化論，経営

学習論，組織学習論など，本書の先行研究を概観しつつ，本書の理論的位置づけを行う。その上で，本書で用いる調査データについて詳述する。

　第2章では，職場において人は，どのような他者から，どのような支援を受けているのかについて考察する。筆者が関与した調査データを対象として因子分析を行う。

　第3章では，職場において人はどのような能力向上を果たすのかについて考察する。

　第4章では，第2章で明らかになった3次元の支援の種別と，第3章で明らかになった能力向上を，それぞれ独立変数，従属変数として設定して，その関係を調べる。

　第5章では新たな課題に取り組む。能力向上に際して他者から受けるかかわりは，決して「業務支援」「内省支援」「精神支援」といった1×1の関係の中で営まれるものとは限らない。職場におけるn×nのあいだで営まれるコミュニケーション全体もまた，能力向上に与える影響は大きい。第5章においては職場のコミュニケーションと能力向上の関係を，社会関係資本という組織要因の影響を加味した上で，考察する。

　第6章では，本書の総括，理論的貢献，研究課題等を述べる。最後に，新たな研究領域として「職場外の学習」研究の可能性についても考察する。

第1章 「職場における学習」の背景をさぐる

> 本当に孤立した人間が存在しないように，孤立した思考などというものも，また
> 存在しない。すべての思考行為は，思考する主体，思考する主体を媒介する思考
> 対象，そして言語的記号を通して行われる主体間の伝え合いのうえに成り立って
> いる。人間の世界とは，要するにコミュニケーションの世界なのである。
>
> (Freire, P.)

　第1章では，本書の主要な問題関心である「職場における人々の学習」
に関して，その社会的背景を概観する。その上で，組織社会化論，経験学習
論，組織学習論など，関連する先行研究動向をレビューした上で，本書の探
求を理論的に位置づける作業を行う。

　後半では本書のリサーチクエスチョン，すなわち，本書を通じて筆者が探
求するべき問いを明らかにする。最後にその問いの解決のために用いる各種
データに関して詳述する。

1.1　本書の社会的背景

1.1.1　バブル崩壊後の雇用関係の変換

　1980年代後半から1990年にかけて，我が国は「沸騰」していた。プラザ合
意による急激な円高，米国の市場悪化を受けた日本への大量のマネー流出，
さらに財テクブームと土地神話の後押しを受けて，1980年代後半に，いわ
ゆる「バブル景気」が日本に出現した。日経平均株価は，1989年12月29
日に3万8915円87銭を記録し，その後も躍進を続けるかのように見えた。

　しかし，「沸騰」は長くは続かなかった。1990年1月には株価は下落に転じ，1998年10月9日には，最高値から実に67%下落の1万2879円97銭を記録する。人は，バブル崩壊から10年の「苦境」を，「平成不況」，あるいは，「失われた10年」とよんだ。

　バブル崩壊，そしてそれに続く景気後退は，土地や株などへの投機マネーの後退だけを意味しなかった。大幅な景気後退に従って，企業と労働者との関係，あるいは，労働者の雇用関係の変換が余儀なくされることになった。これが本書の社会的背景として非常に重要な点である。

　それまでの日本企業は，「終身雇用」「年功序列賃金」「新卒の正社員への一括採用」「職能資格制度」という独特の雇用慣行を戦後，長いあいだ保持し続けていたとされている。

　企業は，高等学校や大学を卒業した学生を新卒一括で，いきなり正社員として採用する。正社員として採用された学生たちは，終身雇用を暗黙の前提として，ひとつの企業に，一生涯，勤務することが求められたし，彼ら自身もそれを望んだ[1]。

　会社の中では，一般的な職務遂行能力に応じた給与制度，いわゆる職能資格制度がすでに確立しており，業務能力の向上に従って給与が向上していく。これが，運用上は年功序列賃金として機能する（つまり大方右肩あがりの賃金制度として機能する）。一方，職業能力向上のための様々な施策，いわゆる人材育成が社員に向けて実施される。ゆえに，新卒で正社員として入社したとしても，ことさらすぐに戦力として「使える」必要は必ずしもない。

　高度経済成長期，繁栄を謳歌した多くの企業は，こうした人事制度を完備しており，入社後5年から10年を，人材開発投資，あるいは，教育投資の期間として位置づけていた。人材育成施策は，職能資格制度を支える根幹として正当化され，機能していた。

　しかし，そうした日本に特殊な雇用慣行は「平成不況」「失われた10年」のあいだに，徐々に崩壊していった。

　まず，不況に苦しむ企業が取り組み始めたのは，一言で言えば人件費の圧

　1）　アベグレン（Abegglen 1958）の鋭い指摘にあるように，日本企業の特徴は，「個人と組織が終身にわたって関与し続ける」ということが，暗黙のうちに合意されていることにあった。

縮である。具体的には，終身雇用制，年功序列賃金の段階的な撤廃であった。

この時期，仕事の業績を給与と連動させる，いわゆる「成果主義制度」が相次いで導入された。2005 年，日本能率協会が，日本主要企業（1325 社：有効回答 227 社）の人事部・部門トップ・従業員を対象に実施した「成果主義に関する調査」の結果によると，83.3% の企業において成果主義的な人事制度が導入されているという（次頁，図1）。

一方，主力ではない事業の統廃合とそれにともなう人員削減を意味する，いわゆる「リストラクチャリング」が進行し，大量の失業者を生み出したのもこの頃であった。

一生勤務するはずであった企業から最後通牒を突きつけられ，多くの正社員が，失意のうちに企業をあとにした。属人的にしか所持されていなかった多くの知識，スキルが，リストラクチャリングされた人々とともに消失した。過剰に存在していた中間管理職がリストラクチャリングの対象となったため，職場のコミュニケーション回路が次第に崩壊し始めた。

一方，正社員としての新卒一括採用という雇用慣行も見直され，企業は人件費を圧縮するため，正社員の採用を抑制し，その分を，非正規雇用の社員を増やすことで，業務を維持しようとした。

この 1990 年代中盤から後半にかけては，就職氷河期とよばれる就職難が学生を襲った。正社員を夢見て就職活動に従事していたものの，夢かなわず，非正規雇用の社員として働く人々が徐々に増えていった。

非正規雇用の労働者の増加傾向はますます激しくなり，労働者全体に占める割合が 1999 年には 25%，2003 年には 30% を超えることになる。なお，これら諸要因がかさなり，日本の失業率は，1990 年の 2.1% を皮切りに，「失われた 10 年」において増加し続け，2002 年にはついに 5.4% に達した [2]。

ヒルシュ（Hirsch 2007）によれば，この時期に起こった労働の非正規化と不安定化は，市場の規制緩和や金融の自由化の動きと連動しつつ，世界規模

---

[2] こうした若年層の非正規雇用の問題に関しては，樋口美雄らが経済学アプローチで，本田由紀らが社会学のアプローチから鋭い分析を行っており，社会人材育成のコンセプトを提唱したり，大学をはじめとする高等教育機関の職業的意義を説いている（樋口・財務省財務総合政策研究所 2006，本田 2005, 2009）。

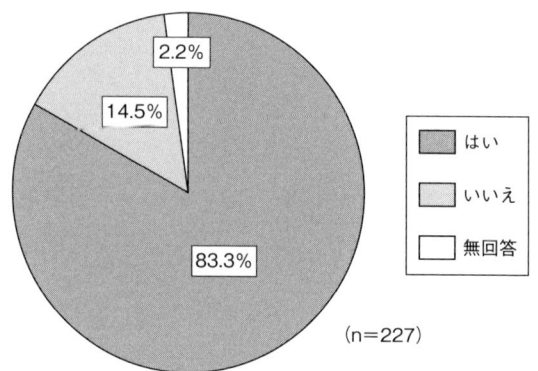

(n=227)

図1　成果主義的な人事制度の導入割合（日本能率協会
2005）

で進行したという。時代の潮目は変わった。大量生産・大量消費をめざす
「フォーディズム」が崩壊し，いわゆる「ポストフォーディズム」とよばれ
る，不確実で不安定な社会への移行がゆるやかに進行した。

　企業と労働者の関係が大きな変動を経験するに従って，当然のことながら，
企業の人材育成施策，人材開発施策も「大きな岐路」にたつことになった。
それは，成果主義の急速な導入，終身雇用制度の撤廃の動きの中で，企業が
人材育成を行う根拠となっていた職能資格制度が崩壊してしまったがゆえに
起こる「必然的な帰結」でもあった。

　平成19（2007）年の『国民生活白書』によると，企業において職業訓練を
実施する割合は，「失われた10年」のあいだに急速な低下を見せる。OJT
（On the job training）においても，OFF-JT（Off the job training：職場を離れて実
施される教育訓練）においてもその実施の程度が減り続けている（原 2007）。

　かつて，高度経済成長の時代，日本のお家芸といわれたOJTの衰退に関
しては，加登（2008）が興味深い議論を行っている。

　加登によれば，OJTはそれ自体が洗練されたシステムなのではなく，日
本企業の環境や社会の仕組みによって，「意図せざる整合性」を生み出して
機能していたと主張している。かつて高度経済成長を支えた日本の製造業の
工場が置かれていた場所は地方であり，その職場構成員は，近隣の村落共同
体の人員を，そのまま雇用することで成立していた。

そのような村落共同体における緊密な人間関係がベースに存在し，終身雇用，職能資格制度という右肩あがりの報酬システムが完備されたとき，OJTは「意図せざる整合性の結果として機能」することになる。

つまり，職場で学習と自己研鑽をつめば，いつかは自分の村落の古参者のようになれるという，誰もが持ち得たモティベーションを背景に，「熟達者の背中を見て学ぶ」という「教育システム」が「機能しているか」のように見えた，ということだ。

しかし，バブル経済破綻によって，OJTを支えていた「意図せざる整合的システム」は，ものの見事に整合性を失い，職場の人材育成機能は機能不全に陥る。いつかは自分もあの人のようになれると思っていた人々が職場から去り，さらには終身雇用も，右肩あがりの報酬システムも崩壊したということになる。

OJTのみならず，いわゆるOFF-JTもバブル経済破綻の影響を受けて衰退に転じる（次頁，図2）。かつての企業内教育は，入社時，昇進時などに誰にでも等しく行われていた。しかし，ここにも「経費削減」の圧力のもと，「選抜化」の波がおとずれ，全体としては衰退に転じることになった。労働費用に占める教育訓練費の割合も，1988年の0.38％を頂点として，1995年には最低を記録するに至った（次頁，図3）[3]。

「失われた10年」は，人材育成，職業教育にとって，まさに「冬の時代」の到来，否，パラダイム転換のプロセスそのものであった。

1.1.2 業務能力向上に関する矛盾と葛藤

1.1.1項において，我々は，ポストバブル期の社会変動の中で，企業と個人の関係に変化がおとずれ，会社が実施する人材育成施策や職業教育施策が低下傾向にあることを見てきた。もし仮に，このような議論のままでは，「人材育成施策や職業教育の必要性」は，すでに失われているということになり，悲しいかな，本書はそのレゾンデートル（存在意義）を失う。

---

3) 図2・図3ともにその後に関しては，2000年代初頭の好景気に支えられ，職業教育の実施率，教育訓練費の割合は上昇に転じている。しかし，2008年11月に起こった，いわゆるリーマンショック，その後の人類史上最大規模といわれる世界不況の影響から，両者はふたたび急激に落ち込んでいるものと予想される。

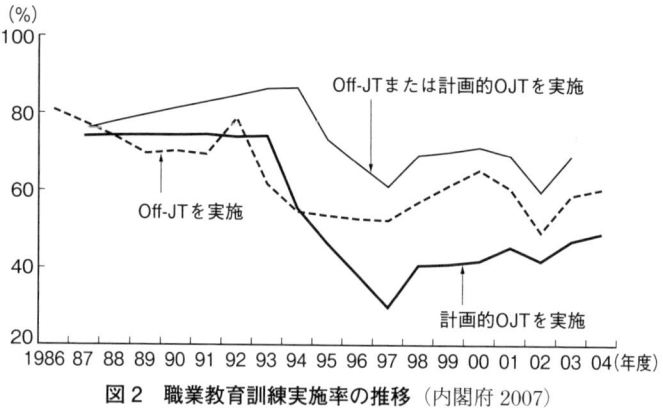

図2　職業教育訓練実施率の推移（内閣府 2007）

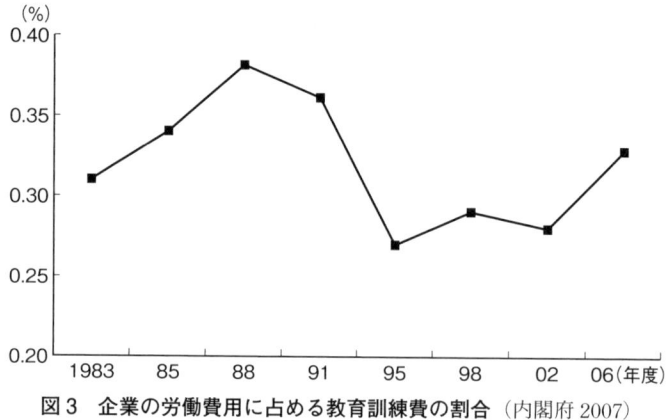

図3　企業の労働費用に占める教育訓練費の割合（内閣府 2007）

　しかし，本書の社会的意義は，かくある時代だからこそ，濃くなることはあっても，薄まることはない。

　つまり，公式の制度として人材育成施策を実施したり，職業教育を企業において実施することの必要性は次第に失われてきているかもしれない。しかし一方で「社員が高い業務能力を獲得すること」に関する，職場の「社会的ニーズ」は日に日に増している，ということである。

　ここに現代の企業が抱える最大の矛盾と葛藤が集約されている。

　では，なぜ，そうなのか。

　最大の理由は，現在のビジネス環境において「人材」，あるいは人材が保

有する知識や技術こそが，企業の持続的競争優位を生み出す源泉になっているからである。人の持つ高度な学習能力，それに基づく創造の能力こそが，現在のビジネスシーンを牽引している——このような議論が，企業戦略論の中において趨勢となりつつある。企業の内部資源こそが，企業競争優位につながる，という認識が1990年代以降，急速に広まってきているのである。

　いわゆるリソースベースドビュー（Resource-based view：内部経営資源に基づく戦略論）とよばれる戦略論は，企業競争優位の源泉を，企業の内部資源に求める。リソースベースドビューは，それまでに支配的であった戦略論であるポジショニングビュー（Positioning view：市場競争戦略論）と比べると，その特徴は明確である。

　かつて，ハーバード大学のマイケル・ポーターらが主張したポジショニングビューとは，製品と市場の状況，企業の事業ユニットと市場の関係を，1）新規参入の脅威，2）同じ業界の敵対関係（競合企業），3）代替製品の脅威，4）買い手の交渉力，5）売り手の交渉力といった，企業外部環境から分析すること，すなわちポジショニングを行うことで競争優位を保とうとする理論である（Porter 1985）（次頁，図4）。

　これは，一言でいえば，企業外部にある「見えるもの」——すなわち企業の外部環境の脅威と機会——に着目し，それらに分析を加えることで，事業や経営戦略を見直す，という考えに他ならない。企業外部の要因が変化し，製品やサービスのポジショニングが保てなくなった場合には，人はリストラクチャリングの対象となる。もちろん，人に付随する様々なノウハウ，行動様式，技術といった「見えざる資産」（伊丹 1984）も，同時にリストラクチャリングされる。

　しかし，リソースベースドビューは，このような見方をとらない。むしろ，製品やサービスといった「見えるもの」よりは，それらを支える「見えないもの」を対象化する。

　その中心的人物であり，「コアコンピタンス」（競合他社に模倣できない企業内部の中核能力）という概念をもって，企業の内部に潜在的に存在する資源の重要性を説いたプラハラードとハメルは次のように述べている。

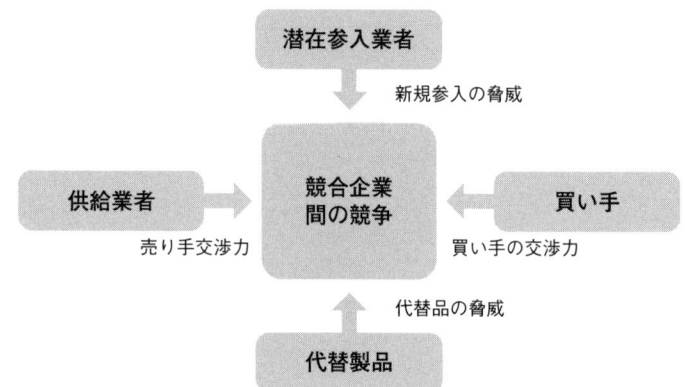

図4　Porter（1985）のポジショニングビュー（ファイブフォーセズ
　　　モデル）

未来を展望するためには，「当社の商売は何か」とか「当社の製品とサービスは
何か」という問題に対して，視野の狭い常識的な見方を捨てなければならない。
ちょうど，事業単位で考えるのをやめて，コアコンピタンスに進まなければなら
ないのと同じように，従来の製品やサービスで考えるのをやめて，その下にある
機能に焦点を定めなければならない。

（Hamel & Prahalad 1994）

　プラハラードとハメルがここで述べるコアコンピタンスとは，表層にある
製品やサービスのことではなく，それらを支えるべく，企業の内部に潜在し
ている「人間の行動や能力の総体」のことである（Prahalad & Hamel 1990,
Hamel & Prahalad 1994）。こうしたものを重視した経営を行うことが，中長期
の視野にたてば，企業の競争優位を導くと彼らは主張した。
　同じくリソースベースドビューの中心的な論者であるバーニー（Barney
1991）によれば，「持続的な競争優位に影響を与える要因は，当該企業が業
界に提供するケイパビリティ（能力）である」という。競争優位を導くため
には，希少性が高く，模倣困難性が高く，それを実施しようとしても，コス
トがかかってしまうような企業内部資源の開発を進めるべきだという。そし
て，彼が，最も重要な企業内部資源としてかかげているもののひとつが，
「人材」に他ならない。

　「人材」とは，容易に市場から外部調達できるわけではなく，また，外部からの模倣を受けにくい。人材こそは，どうしても，他の資源では代替がきくものではないからである（Barney 1991）。

　ともかく，1990年代以降，従来のポジショニングビューの企業戦略論に反省の目が向けられ，リソースベースドビューの戦略論が主張され始めた。それにともなって，人材に関する認識転換もゆるやかに始まる。人間の創造や学習能力，それによって生み出される知識や情報といった「見えざる資産」の果たす役割は少なくない，という認識が広まってきた（伊丹 1984）。コアコンピタンスや見えざる資産を，いかにして探求し，育成し，開発していくかに関心が集まり始めたのである。

　例えば人材マネジメントの領域では，企業内の人材マネジメントを企業戦略と同期させて運用する理論的枠組みが提唱されている（Wright & McMahan 1992）。人材を企業の持続的競争優位の源泉として位置づけ，その効果を最大化しようとする考え方，すなわち「戦略的人材マネジメント」が生まれた。組織構成員の保有する能力や知識が，組織業績に与える影響は大きくなっているという指摘がなされるようになってきた（Martocchio & Baldwin 1997）[4]。

　かくして，ビジネスの経営者，実務家のあいだに，「人」あるいは「人の学習」に関する関心があつまってきた。いまや，経営学の教科書に「学習」の文字が頻発するようになっている。

　しかし，人々の関心の高まりの反面，これまで，「人材」に対する企業の配慮や取り組みは，決して十分なものとはいえない。これまで見てきたように「失われた10年」のあいだで，職能資格制度が崩壊し，企業の職業教育投資や人材育成施策の実施の程度は急速な低下を見せるに至っている。

　片方では社員を成長させたいと願いつつも，もう一方では，それを裏打ち

---

4)　このような動きのもうひとつの推進力はイノベーションへの渇望である。現代のマーケットは分断化・細分化し，従来のポジショニングによるマーケティングが成立しなくなってきた。むしろ，現在のビジネス環境，マーケット環境においては，従来とは全く異なる商品，サービス，いわゆるイノベーションをいかに生み出し，マーケットそのものを創造するかが，企業の栄枯盛衰を分けるポイントとなってしまう。そして，このイノベーションこそは，人材が有する知的熟練に依存する（中馬 2001）。現場において高い問題解決能力，および，業務能力を獲得し，価値ある知識創造に従事してもらうかが問われることになる。ここでも問われているのは，要するに「人」である。

するオフィシャルな制度は失われている。ここに日本企業の抱えるジレンマがある。だとすれば，いったい，今，我々は「何」をもって，この問題に取り組めばよいのか。

　筆者は，本書を通じて，この問いに対するひとつの答えが「職場」であり，「職場における他者とのつながり」を回復することだと主張する。

　職場は私たちが日々仕事をする場所であり，同時に，知識や技術やノウハウが生み出され，獲得され，共有されている，その現場であるからだ。人は職場の他者を通じて様々な支援を受け，能力を向上させる。しかし，その実態はよくわかっているわけではない。この職場学習の実態を明らかにすることが，筆者の問題関心である。

　具体的には，本書で，筆者は次の問いに答えるものとする。

　　①人は職場で，どのような人々から，どのような支援を受けたり，どのようなコミュニケーションを営んだりしながら，業務能力の向上を果たすのか。

　　②職場における人々の学習を支える他者からの支援やコミュニケーションに影響を与える，職場の組織要因とはどのようなものなのか。

1.2　本書の理論的位置づけ

　本書が研究対象とするような「職場の中の人々の学習」に関しては，様々な学問領域にまたがって，関連の深い研究分野が存在している。いずれの分野も「企業・組織」「労働者」「学習」の3つのどれかに関連が深いものの，本書で筆者が描き出したい「職場学習の実像」とはやや趣を異にする。

　本書に関連が深いと思われる研究群を図5に示した。1）組織社会化論，2）経験学習論，3）組織学習論という3つの研究群が存在する。以下ではそれぞれをレビューしつつ，本研究との差異を述べる。その後，1.2.4項で「他者からの学習」に対する学習理論としての位置づけを行う。

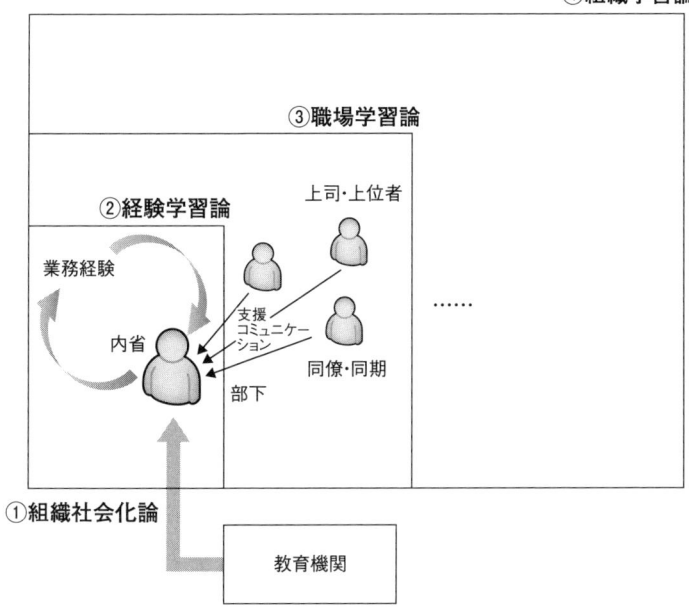

図5 本書の理論的布置の概念図

1.2.1 組織社会化論

　本書において取り上げる理論の中で，最も古くから研究がなされているのが組織社会化論である。これは主に教育機関から組織への参入プロセス（School to work transition process）の前後に焦点をあわせている研究群である。

　その中心人物であるヴァン・マネンとエドガー・シャイン（Van Maanen & Schein 1979）によれば，組織社会化とは「個人が組織の役割を想定するのに必要な社会的知識や技術を習得し組織の成員となっていくプロセス」であるとされている[5]。例えば，企業の場合であるならば，新入社員は，仕事をしていくための技術・知識を覚え，職場の他のメンバーや職場風土，そして会社に順応しなければならない（Feldman 1976, Louis 1980）。このプロセスを探求するのが組織社会化研究ということになる。

　組織社会化は，社会化研究のサブセットとして位置づけられる。社会化研

---

[5] そのほかの定義としては「新参者が，参入する組織の新たな役割や規範や価値を習得し，変化し，適応していく過程」（Wanous 1992）というものもある。

究者のチャイルド（Child 1954）の古典的定義によれば，社会化とは「極めて広い範囲の行動の可能性をもって生まれた個体が，より狭い範囲に制約された現実的行動を発達させる方向へと導かれる過程全体」をいう。人は，その発達に応じて，様々な現実世界の制約——つまりは社会化を促進する様々な要因の影響——を受けて，行動の可能性を，社会的に重要と認知されているものへと変化させることが迫られている[6]。

　ゆえに，組織社会化とは，組織という制約の中で，組織にとって益のある現実的行動を発達させる，組織参入時のプロセスと言い換えることもできる。それは新しいメンバーが仕事のやり方を覚えるプロセスであり，教え込まれ訓練されるプロセス（Schein 1968）に他ならない。

　それでは，組織社会化は，いったい，どのようにして始まるのだろうか。ここで我々は，組織社会化は，決して組織に参入したあとで起こるものではないことを確認しなければならない。それは教育機関から会社・組織への参入過程前（School to work transition）にすでに行われている。これを予期的社会化（Anticipatory socialization）とよぶ。

　個人は決してタブラ・ラサ，いわゆる白紙の状態で組織に参入してくるわけではない。家庭，および，学校教育のプロセスにおいて，固有の知識や価値観を有して，組織への参入を果たす。参入のプロセスでは，個人が有するそれと，組織あるいは組織構成メンバーが有する文化，風土とのあいだに葛藤や矛盾が生じることもある。

　例えば大庭・藤原（2008）らは，企業に就職した新入社員の組織参入時の幻滅体験と，そこから組織に適応していく過程での認知や行動の変化のプロセスを，定性的な手法を用いて描き出している。同氏らの論文中に掲載されているある若年労働者が抱えた葛藤を引用してみよう。

　　H氏「聞け，聞けとは言ってくれてるんですけど，その……聞くじゃないですか，そうすると，ボクの言い分ですよ。僕なりの考えでいくと，例えばね『これ

---

6)　最も大きな社会化の契機は，いわずもがな学校教育であろう。学校教育とは，子どもの社会化を担う組織として付託を受けた，近代に発明された社会的装置である，ともいえる。この意味で，必ずしも，社会化の主要な舞台は，必ずしも組織に限定されるわけではなく，この世の中に広く広がっている。

いいね，でも，ちょっとこういうとここう直すともっといい』みたいな言い方し
てくれればいいけど『こんなのだめだ。はん』みたいな感じなんですよ。そうす
るとね，えっとなんていうんですか，<u>なんか失うものがあるじゃないですか</u>，僕
の中で，自信なり，なんか意欲なり。そういう言い方しなくてもいいんじゃない
かなって思うと，もう次が聞けなくなっちゃうんですよ」

（大庭・藤原 2008 下線は筆者）

　H 氏の語りにおいては，H 氏が組織参入前に持っていた学習観，仕事観
と，組織構成員の態度とのあいだに，葛藤が生じており，それが，「なんか
失うものがあるじゃないですか」という言葉に凝縮されている。
　程度の差こそはあれ，組織社会化のプロセスにおいては，予期的社会化に
おいて学習されていたものと，組織が有する価値観，前提とのあいだに葛藤
が生じることが多い。あまりにも，その葛藤の振幅が大きいと，モティベー
ションの危機に陥ったり，程度が激しい場合は離職につながる（Schein
1978）。その葛藤を減少させる試みとして，予期的社会化のプロセスにおい
て，できるだけリアルな職業イメージを獲得してもらえるような情報提供，
いわゆる「現実的職務予告（Realistic job preview）」を行うことが増えている
（Wanous 1973）。これは，現在の日本企業の採用の局面においても，インタ
ーンシップなどの制度によって，導入が進んでいることであろう。
　さて次に，本格的な組織社会化のプロセスに話をうつす。それは当然のこ
とながら，組織参入後に起こる。そして，組織社会化をうながす契機になり
うるものとして，よくあげられるものが 1）訓練，2）経験，3）人の 3 次元
である（Louis, Posner & Powell 1983）。
　「訓練」による組織社会化プロセスを明らかにした研究は尾形の研究があ
る。尾形（2009）は，資本金 2 億円，従業員数 300 名のある食品市場トップ
メーカーの新人 23 名に対して，2 ヶ月間にわたる半構造化インタビューを
実施し，新人の導入時研修が組織社会化に与える影響を考察している。この
会社の導入時研修の冒頭では，この会社独特の通過儀礼を新人は経験する。
そこでのネガティブな感情は，新人同士の水平的な関係と，職場の同僚との
垂直的関係を強固にし，かえって，新人が職場で感じるリアリティショック

を抑制する効果が見いだせたことを明らかにしている。

「経験」に関しては，次の1.2.2項において，その学習モデルを検討するものとするが，そこでの成長を促すのは，経験そのものを対象化した反省的思考であり，内省である。谷口（2009）は，部下の経験を引き出し，上司が内省を引き出すための手法として，カテゴリー整理法，個別整理法，経験に対する見方を広げる質問法などを提案している。

「人」に関しては，組織社会化の推進力として最も大きいものと考えられており，彼らのことを「社会化エージェント」とよぶこともある。社会化エージェントの研究において，最も網羅的，かつ体系的な研究を行っているのは，メンタリング（Mentoring）のタキソノミーと，それぞれのキャリアに対する効果を論じたクラム（Kram 1985）であろう。

クラム（Kram 1985）によれば，メンタリングとは，上司や先輩（メンター）と部下や経験の浅い若手（メンティ）との垂直的関係間に結ばれる発達支援的な関係のことをいい，心理・社会的機能とキャリア的機能から構成される。

キャリア的機能とは，業務のノウハウや組織事情を学び，組織における昇進・キャリアの上昇を支援する社会的関係のことをいう。心理・社会的機能とは，仕事のプロセスにおけるアイデンティティ形成，個としての専門性向上を支援することをいう。

実際のメンタリングプロセスは，1）開始段階，2）養成段階，3）分離段階，4）再定義段階の4段階において段階的に進行する。

1）の開始段階においては，メンターとメンティのあいだで関係が始まり，それが両者にとって重要になるプロセスである。2）養成段階では，組織階層の上昇移動の支援であるキャリア的機能とアイデンティティと専門性の確保の支援を行う心理・社会的機能が本格的に駆動し始める。

しかし，発達支援関係は決して固定的なものではない。メンティの成長とともに，メンターとメンティのあいだには，葛藤が生まれるようになる。相互の役割分担が変化したり，感情面での大きな変化や葛藤を経験するようになる。これが3）分離段階である。場合によってはこの段階で発達支援関係が解消されることもある。しかし，3）分離段階を経験したメンターやメン

ティが，もし次の段階の 4）再定義段階に進むのだとすれば，新たな役割分担がなされ，同僚関係に移行する，とされている。

　バブル不況後の新入社員採用凍結・リストラクチャリングによって，職場内の発達支援は急速に機能不全に陥った。これを解決する手段としてメンタリング制度は，現在，多くの企業において人事施策として導入されている。

　このように組織社会化は「訓練」「経験」「人」といった様々な契機を媒介として進んでいく。これらの契機によって，組織への参入を果たす個人は，1）業務に必要とされる知識・能力，2）ワークグループの価値観や人間関係，3）組織の目標，4）メンバーとしての役割責任，といった様々なものを学習すると言われている（Schein 1968, Fisher 1986 など）。

　以上が組織社会化研究の概観であった。

　それでは，本書のリサーチクエスチョンに照らして，先行する組織社会化研究との差異はどこに見いだすことができるだろうか。それは，「社会化エージェント」にあると思われる。先行する組織社会化研究においては，特に「社会化エージェント」の研究に関して，本書が対象にするような職場における他者を媒介とした学習が研究されてきた。

　しかし，それらの研究では，1）上司・上位者に限定されない同僚・同期，あるいは部下からの学習を考慮しない傾向があり，また，2）定性的な研究が多く，実証的な量的データをともなうものが少ない，などの課題も残されている。

　本書においては，この課題——すなわち，上司・上位者という垂直的な社会関係に加えて，同僚・同期といった水平的関係，あるいは，部下からの学習，という下方向からの垂直的関係による学習を対象とする。研究方法論に関しても定量調査による手法を主として，適宜，ヒアリング調査で得られたデータによってそれを補いつつ，この問題に実証的に接近することを試みる。

1.2.2　経験学習論

「真実の教育はすべて経験から生まれる」

　こう喝破したのは，米国プラグマティズムの祖であり，教育思想家としても名高いジョン・デューイである（Dewey 2004）。

　デューイは，民主主義を実現するための市民を育成する社会的装置として学校を位置づけ，経験を重視した学習理論を打ち立て，シカゴ大学に実験学校（いわゆるデューイスクール）を設置し，自らの理論を実践した。

　デューイにとって，学校は，いわゆる「小さな社会」あるいは「萌芽的社会」であった（Dewey 1957）。

　彼は，当時支配的だった教育のあり方（デューイは旧教育とよぶ）が，1）学校で学ぶべき内容と学校外で必要になることとのあいだの関連性（レリバンス）が失われていること，2）教育の重心が教授者に置かれており，学習者たる子どもに存在していないこと，などを批判し，「社会の変化に対応し，学校のあり方，学校の教育内容を変革しなければならない」と，次のように主張した。

> 学校はこれまで生活の日常的な条件や動機付けからはなはだしく切り離され，孤立させられているので，子供たちが訓練を受けるために通わせられている当の場所が，経験——その名に値するあらゆる訓練の母である経験を，この世の中で獲得するのがもっとも困難な場所になってしまっているのである。
>
> （Dewey 1957）

　子ども中心主義，学習者中心主義の教育言説がともすれば過剰なまでに行きわたっている今となっては，さほど新規性を感じさせないこの主張も，当時の教育業界においては，非常にラディカルな主張であったことは想像にかたくない。

　かくして，既述したとおり，デューイは，学習の起源を経験（Experience）と，それを対象とした反省的思考（Reflective thinking）に求めた。

　従来の教育が，「学ぶということは，すでに書物や年長者の頭の中に組み込まれているものを習得すること」と把握していることを批判し，学習が「学習者の日常の生活経験の範囲内にある材料から引き出されるもの」であると認識し，学習者自身の反省的思考によって，学習者の内面で新たな考え方が形成され，獲得された新しい経験や考え方が，その後の経験の基礎としてつながっていくような教育」を理想の教育であるとした（Dewey 2004）。

　もともと，デューイにとって，経験とは，1）連続性の原理，2）相互作用の原理という2つの原理によって把握可能なものであった。

　連続性の原理とは，複数の経験の連続性およびその関連性について言及したものであり，経験は，それ自体，個別に存在するのではなく，常に後続する経験に影響を与えながら存在している，ということを意味する。

　相互作用の原理とは，経験は決して個人の内面だけにおいて進行するものではなく，個人と環境の相互作用において生じるものである，とする。つまり，学習者は，環境に働きかけ，それと相互作用することによって，経験を知覚し，さらには経験について反省的思考を駆動させることによって，過去の経験と現在の経験の連続性を再構成し，将来の経験に活かすことで，知的成長を遂げる，とされた。

　繰り返しになるが，反省的思考をともなわない行動や経験は，必ずしも学習につながるものではない（Jarvis 1995）。しかし，とはいえ，「行動や経験をともなわない内省」は，「抽象的な概念形成」に終わり，実世界において実効を持たない。「行動や経験をともなった内省」を起こしつつ，「内省をともなった行動」を実践すること——つまりは，「行動・経験と内省の弁証法的な関係」をいかに模索するか——が重要である（Høyrup 2004, Marsick & Watkins 1990）。

　デューイの思想は，デューイの死後，様々な教育・学習研究者に影響を与えた。省察的実践家（Reflective practitioner）の概念を提唱し，マネジャー教育，教師教育，医学教育など，あらゆるプロフェッショナルの教育のあり方に変革を迫ったドナルド・ショーンも，その一人である。ショーンは，デューイの「探求」の概念に影響を受けた博士論文を提出後，専門家の意思決定・問題解決に関する研究を開始する。

　ショーン（Schön 1983）は，現代の企業・病院・教育現場において，専門家に求められている働き方は，すでに体系化された知識やスキルを現場に適応するようなかたちではなく（技術的合理性の適用による問題解決），刻一刻と変化する現場の状況を瞬時に分析・省察し，即興的に対処を行うことであるとした（省察的実践）。

　専門家は，不確実で不安定で矛盾に満ちた現場に身を置いている。そして，

働きながら葛藤を繰り返す中，刻一刻と変わる状況を瞬時に読み解いて，そこだけで通用する「束の間理論」を即興的に次々に構築していく。

ショーンは，そんな専門家の具体例として，建築デザイナー，精神療法家（医師），自然科学者，都市プランナー，企業のマネジャーを取り上げ，その特徴的な振るまいを「行為の中の省察（Reflection in action）」と名づけた。そして「状況の分析」と「対応のための行為」を流れの中で同時かつ継続的に実行しているプロフェッショナルたちを，「省察的実践家（Reflective practitioners）」とよんでいる。

ただし一方で「行為の中の内省」には弱点があると，他ならぬショーン自身が指摘している。それは，ともすれば，「場当たり的な問題解決のプロセスをまわすこと」に熟達する専門家を生み出しかねない可能性があるからである。彼がその専門家論において提唱したのは「行為の中で行われている内省」であったが，それに加え従来の省察，すなわち「行為の後に行われる内省（Reflection on action）」，デューイの言葉でいえば，「反省的思考」も，また高度な問題解決を試行する際には必要であるとしている。

このように経験と学習をめぐる研究は，デューイを中心として，ショーンに受け継がれ，今に至っている。このように100年の流れを持つ経験学習が，企業の人材開発論に導入され始めたのは，2000年代になってからのことである。序章で既述したように，いくつかの契機が，それを後押しした。ここでは，その契機の理論面に焦点をあてて，流れを整理してみる。

第1の契機は，経験学習理論の簡略化された導入によってである。コルブによって，経験学習が体系的かつ簡略化され，ビジネスシーンに導入された（Kolb 1984）。

コルブによれば，経験学習とは，1）実践，2）経験，3）省察，4）概念化という4つのフェイズから構成される。

「実践」とは，学習者が現場の業務において様々な状況・局面に直面することである。学習者は，それらに即興的に対応し，その局面を打開することを求められる。「経験」とは，今まさに眼前にある艱難（Hardship）に対応する中で，後から省察する対象となるエピソディックでドラマティックな経験を積むことである。「省察」とは，いったん現場を離れ，自らの経験の意味

を振り返ることである。「概念化」とは，複数の艱難を処理する中で得た経
験の意味を重ね合わせ，仕事の持論を自ら構築することである。

コルブは，現場の業務を通じて成長するためには，この経験学習サイクル
を駆動させることが重要である，という主張を行った。

第2の契機は，リーダーシップ開発論とよばれる領域において展開した。
マッコール（McCall 1988a）は，数百人を超える管理職を対象に，彼／彼女が
飛躍的に成長を遂げた契機をインタビュー法を用いて分析した。その結果，
企業の事業戦略や価値観と密接に結びついた修羅場の経験を積ませることが，
個人に成長を促すことがわかった。同様のアプローチは，既述したように日
本企業においても追試されている（金井 2002）。

以上見てきたような2つの契機を媒介として，企業が従業員を対象にし
て「成長を促す経験」を与え，その過程を支援していくというアプローチが
企業内人材育成の領域や人材マネジメント論において広まるようになった。

実務の現場で人材開発論における経験アプローチが隆盛を誇るのと同時期，
応用心理学，組織学習研究等の研究領域においては経験学習に影響を与える
要因探索をめざす様々な実証研究も生まれている。主に経験学習を促進する
能力等の個人諸要因，および組織要因を明らかにする研究である。

例えば，楠見（1999）はシュプライッツァー，マッコール，マホニー（Spre-
itzer, McCall & Mahoney 1997）を参考に質問紙を作成し，挑戦性や柔軟性が高
い個人であればあるほど，経験から学習する能力が高いと論じている。松尾
（2006）は，経験から学ぶプロセスにとっては，自己実現や学習を重視する
目標達成志向の信念，顧客満足や信頼を高めることを重視する顧客志向の信
念といった個人的要因が重要であるという指摘を行っている。

しかし，同時にこうしたアプローチに対して，新たな指摘もなされている。
例えば，北村・中原・荒木・坂本（2009）は，個人の資質が高くても，当人
の所属する組織的風土にそれが適合しなければ，現場における学習が駆動す
るとは限らないという指摘を行った。北村・中原・荒木・坂本（2009）が，
業務能力向上にとって少なくない影響を与えているとしたものは，職場の社
会関係資本，換言するならば，他者との関係，他者とのつながりである。

職場における学習は，必ずしも省察を行う個人の能力，楠見が探求したよ

うな個人の経験から学ぶ力だけによって駆動するものではないかもしれない。他者との関係性，他者からの支援といったものによって，それが影響を受けることは容易に想像できる。

　本書において，筆者は，これまでの経験学習の理論が，それを駆動する個の資質や能力の解明に注力していたことを鑑み，職場の学習をとらえる上で，他者からの支援やコミュニケーションといったものに着目する。

1.2.3　組織学習論

　組織学習は，近年，組織行動論，あるいは経営学における最も重要な研究分野のひとつとみなされている（Crossan et al. 1999）。安藤（2001）の包括的なレビューによれば，組織学習には3つの理論的系譜が存在するという。以下，これに準拠しながら概説する。

　ひとつめの理論的系譜は，組織能力や組織の卓越性を向上させるために外部からの組織への介入プロセスに注目し，シングルループ学習，ダブルループ学習などの概念を生み出したアージリスとショーン（Argyris & Schön 1978）の理論群である。

　アージリスとショーン（Argyris & Schön 1978）は，組織学習を「組織メンバーの個人を通じて行われる行動・価値観の修正や再構築のプロセスである」とし，その学習には「シングルループ学習」と「ダブルループ学習」とよばれる2つの水準が存在することを指摘した。

　「シングルループ学習」とは，「既存の価値や判断基準に基づきつつ，そこで生起しているエラーや矛盾を修正する活動」のことをいう。それに対して「ダブルループ学習」とは「既存の価値観や判断基準そのものを問題として，それらの変革を行うこと」である。やや比喩的に言うとすれば，前者は「正しく行っているかを問う学習」である。それに対して，後者は「正しいことを行っているかを問う学習」であるとも言えるかもしれない。

　アージリスとショーン（Argyris & Schön 1978）は，後者の学習を志向するのであれば，外部の異なる目を持つリーダーやコンサルタントの「介入」が必要であると結論づけた。第1の系譜の組織学習論は，いわゆる「組織介入の安定性を示す理論」としての評価も得ている。

　第2の系譜は，組織の中のルーチンが変化したり，淘汰されたり，定着されたりする動態を描こうとしているレヴィットとマーチ（Levitt & March 1988）の理論的系譜である。彼らは，組織学習を，組織が紡いできた歴史を，日常のルーチンに定着するプロセスとして描き出した。換言すれば，組織の中で生み出されたルール，手続き，システム，構造が，いわば「ルーチン」として組織内に記憶され堆積すること，すなわち組織記憶（Organizational memory）を持つことこそが組織学習だとする立場をとっている。

　ここでルーチンとは，「形態，ルール，手続き，監修，技術，戦略」あるいは「それを支える信念，構造，フレームワーク，パラダイム，規約，文化，知識」のことをさす。

　第3の理論的系譜は「組織価値の妥当性を維持するためのアンラーニング」（Unlearning：学習棄却）に着目したヘドバーグ（Hedberg 1981）を始祖とする理論群である。

　アンラーニングとは，組織の中に沈滞する，内外環境に照らして不適切になってしまった既存知識・組織ルーチンの限界を認識し，それらを解除し新たな学習を行うレディネスを確保することである。組織の外部環境や内部環境が激変していく中で，どのような知識や組織ルーチンであろうと，不変のままではいられない。ある時期に，外部環境と整合性を保ち，卓越性を発揮できた知識，スキルであっても，いつしか，それは時代遅れのものになる。新しい価値観や新しい考え，いわゆるイノベーションを生み出すためにも，時代や内外環境に照らして不適切になってしまった知識や組織ルーチンは積極的にアンラーニングされる必要がある。

　安藤（2001）はこの3つの理論的系譜を組織学習領域における独立の系譜と見なしている。しかし，ヘドバーグらの理論は組織に堆積したルーチンを理論的前提にし，そのアンラーニングのプロセスに着目しているとも解釈できるため，第2のレヴィットとマーチの議論を補強する理論としても位置づけることが可能である。本書においては，第3のヘドバーグの理論をレヴィットとマーチと同じ理論的系譜に含めて，以下議論を進める。

　つまり組織学習論には，アージリスとショーン（Argyris & Schön 1978）のように，組織のメンバーの学習こそが組織学習と見なす立場と，レヴィット

とマーチ（Levitt & March 1988）やヘドバーグ（Hedberg 1981）のように，組織が，組織の中に生み出されたものがルーチンとして定着するプロセスを組織学習とみなす代表的な立場がある。

　ちなみに近年は，この2つを統合した定義も登場してきている（Huber 1991, Crossan et al. 1999, Kim 1993 など）。例えば，クロッサン（Crossan et al. 1999）は，「組織学習は組織メンバーが新たな知識を獲得し，それがルーチンに変換され，さらにはメンバーの行動が変化すること」という定義を行っている。これに類する定義には，「組織学習とは個人の学習成果が，ルーチンに埋め込まれ，そのルーチンによって，組織メンバーの行動が変化すること」という松尾（2009）の定義がある。

　このように組織学習研究は，1）個人の学習に焦点をあてた研究群，2）組織のルーチンの蓄積に焦点化した研究群，3）個人の学習と組織のルーチンの蓄積を結合しようとする研究群が相互に複雑に絡みあいながら発展しているが，安藤（2001）が指摘するように，その研究は中長期の視野にたって，組織が変化・環境適応する様子を描写するものが多い。また，近年の代表的な研究を概観すると，組織のルーチン蓄積に重きを置いた研究が多いように思われる。

　例えば，ダイアーと延岡（Dyer & Nobeoka 2000）では，トヨタ自動車がグループとして把持している組織ルーチンが，組織構成員の知識共有に与える影響を事例として考察している。松尾（2009）は，いくつかの病院の事例研究を通して，患者中心の理念がいかに組織ルーチンとして蓄積したのか，それに影響を与えたのは，どのようなリーダーシップであったのかを考察している。

　本書で，筆者が対象にするのは，職場における他者を媒介とした学習である。これと従来の組織学習研究の差異は，研究の分析単位と時間的スパンにあると思われる。中長期の組織全体の変化，環境適応，ルーチンの蓄積よりも，本書では短期的スパンで，個人が，職場内の他者との相互作用を通じていかに変化するか，に焦点をあてている。

　安藤（2001）は，組織学習の研究が，組織全体を分析単位とし，その組織の全体的傾向のみに片寄っているとし，個人の学習や，個々人の組織メンバ

一の学習，彼らが相互作用しあって成立している学習プロセスに焦点をあてるべきであるという指摘を行っている。また，イースタバイスミスら（Easterby-Smith et al. 2000）は，組織学習研究は組織を単位とするのではなく，よりミクロな単位である「職場」において学習が生じるプロセスを明らかにするべきだという指摘を行っている。

　組織が知識をどのように獲得・共有し，それをいかに組織ルーチンとして蓄積するか，という視点が非常に多くの示唆を私たちに与えてくれることは事実である。しかし，私たちが日々仕事を通じて学び，成長しているのは，「職場」というレベルにおいてであり，そこに焦点をあてるべきであるという認識が広まっている。

　近年，これらの研究動向を受けて，「職場」に関する学習研究は増加傾向にある。状況的学習論（Situated learning theory）の理論的影響を受けつつ（例えば Lave & Wenger 1991, Rogoff 1990），実際の仕事場において，人間の認知・学習が，仕事のやり方や構造，仕事場における人的リソースに埋め込まれていること（Embeddedness/Situatedness）を強調し，その解明にあたろうとする研究が増えている。職場学習研究（Workplace learning research）とも称されるそれは「職場において，人が，仕事に従事し経験を深める中で，他者，人工物との相互作用によって生起する学習」を扱う学際的な研究領域である。その学習は，インフォーマルに生起するものであり（Garrick 1998, Marsick & Watkins 2001, Ellinger 2005），また学習内容も，不良定義問題や職場の特質に準じた文脈に基づく学習であるという特質を持つとされている（Kirby et al. 2003）。

　これらの先行研究としては，職場成員の知識獲得や転移を扱った研究（Bates & Holton III 2004 など），ラインマネジャーが現場でどのような学習支援を行うべきかを考察したもの（Ellinger & Bestom 1999, Clarke 2004），などがある。しかし，これらの研究群は，組織学習研究同様，理論的研究か，定性的記述に基づくケーススタディが多い。実証的かつ定量的な研究が待たれる分野のひとつである。

　本書において筆者が探求する職場学習は，「職場の他者からの支援，および他者との相互作用を媒介として生起する学習」である。これに実証的かつ

定量的にアプローチしたい。

1. 2. 4　学習における他者

　1. 2. 1項から1. 2. 3項において，それぞれ組織社会化論，経験学習論，組織学習論に対する本書の位置づけを行った。最後に，本書のリサーチクエスチョンのひとつである「職場において，どのような他者から，どのような支援を受けて成長しているのか」について学習論の観点からも，理論的な位置づけを行いたい。

　学習に対して他者が果たす役割を理論の中心に据えたのは，ロシアの心理学者ヴィゴツキーである。以下に，高次精神機能に関するヴィゴツキーの象徴的な一文を引用しよう。

　　発生的に見て，社会の諸関係，つまり実際のひととひととの関係が，すべての高
　　次精神機能の基礎となっている。これらの機能のメカニズムは，社会の写しであ
　　る。それらは，社会秩序の中の諸関係が内化され，個人のパーソナリティに引き
　　写されたものである。精神の構成と発生と機能，つまり，その本質は社会的であ
　　る。

（Vygotsky 1927）

　ヴィゴツキーが述べるように，彼にとって人間の知能，高次精神機能とは，学習者を取り巻く他者，すなわち社会的関係の写像であった。やや比喩的に言うならば，人間の能力向上の本質は，社会が個人の中に内化していくということである。

　「人間の精神の本質は社会の諸関係の総体である」というアイデアをもとに，ヴィゴツキーは，その後，高次精神機能の発達の起源を追い求める。個人を取り巻く他者からの様々な働きかけ，かかわり，支援によって実現される動態を，最近接発達領域（Zone of proximal development）という概念によってまとめた（Vygotsky 1970）。

　最近接発達領域とは，個人が独力で達成できる水準と，他者の支援があれば達成可能な水準との差を指示する概念である。

ヴィゴツキーによれば，最近接発達領域とは個人が，より有能な他者が提供してくれる支援や助言（精神間）を，自分自身で段階的に自らに課すようになる（精神内）ことで，当初は他者の助けなしでは実現できなかったことを独力で実行できるようになるプロセス（内化）である，という。このように，他者が行う教育的な方向付けや働きかけのことを，学習研究ではスキャフォルディング（Scaffolding：足場かけ，支援と訳されることも多い）とよんできた（Wood, Bruner & Ross 1976）。

例えば，積み木を積み重ねようとしている1歳児を思い浮かべよう。まだ彼／彼女の手はぎこちない。おぼつかない手で積み木を持ち，順番に高く積み上げる。一見単純に見えるこのような作業ですら，1歳児にとっては大きな壁が立ちはだかっている。積み木を積み重ねるときに，下の積み木に不用意に触れてしまい崩してしまったりするようなことが頻繁に起こる。このようなとき，それを見守る母親は，どのように振るまうだろうか。おそらく，思慮深い母親ならば，子どもができない部分を手伝い，できそうなところは積極的に挑戦させ，成功させるであろう。そうしたプロセスを何度か繰り返し，次第に，1歳児は積み木を積み重ねられるようになっていく。これがスキャフォルディングのひとつの形態である。

最終的には個人は，生きていくために必要な知識やスキルを獲得して，独力で自律して存在しなければならない。しかし，そうした自律性を獲得する際には，見守る他者，支援してくれる他者といった「他律」を前提にしている，ということである。

1980年代，ヴィゴツキーの心理学は米国の心理学者ジェローム・ブルーナーにより再評価され，1990年代の学習研究に多大なる影響を与え始める。これをベースにして，様々な学習モデルが考案された。学習研究に「人間発達は，集合的な文化的諸活動に由来する」という認識が広がり始めた（Van Oers 1998）。

例えば，コリンズ，ブラウン，ニューマン（Collins, Brown & Newman 1989）は，より有能な他者が行う外的介入をモデル化して認知的徒弟制（Cognitive apprenticeship）という概念を提唱した。

認知的徒弟制とは，学習主体の熟達プロセスにおいて，1）モデリング，

2）コーチング，3）スキャフォルディング，4）フェイディングという4つの外的介入（支援）のあり方が存在することをモデル化したものである。

　第1のモデリングとは，熟達者が模範を示し，学習者はそれを見て真似ることである。第2のコーチングでは，熟達者が手取り足取り学習者を指導したり，助言する。第3のスキャフォルディングでは，自分でできるところは学習者に独力でやらせてみて，できないところだけを支援する。そして，だんだんと支援を少なくし，学習者を自律に導くのがフェイディング（支援解除）である。認知的徒弟制では人間が熟達するためには，こうした外的支援の段階的提供と解除が重要である，としている。

　これに類することは，ビジネスシーンにおいても散見される。例えば，営業に不慣れな新人に，営業のプロセスを学習させるためにはどのように支援を提供すればよいのか。

　通常は上司や上位者が新人に同行し，最初は，彼らが自ら率先垂範し，手本を示す。第2の段階においては，実際に新人に指導・助言を行い，次第に独力でできる部分を増やしていくことが行われるだろう。新人が熟達するに従って，支援は徐々に解除され，最後には完全に消える。

　レイヴとウェンガー（Lave & Wenger 1991）によるアフリカの仕立屋の熟達研究においても事態は同様である。新人は，親方（上司）と先輩（上位者）の仕立ての様子を観察学習することが要求され，次第にその活動に参加することが求められる。決して，新人の参加は「真空の環境」において行われるわけではない。上位者によるガイドされた参加（Guided participation）がそこにはある。当初の直接的な指導や助言が提供される状態から，次第に指導・助言のタイミングが減り，活動のサブセットを担い，さらに熟達に至る。熟達に達するまでの綿密な支援と，その適切な解除が，仕事の現場の中に暗黙のうちに非明示的に実施される。

　このように，個人の行う学習に対して他者が支援を行うこと，つまりは他律的関与を行うことで自律を促すことは，私たちの日常において頻繁に目にする行為である。しかし，それにもかかわらず，これまで学習主体に対する他者支援のあり方に関する研究は，学習研究においてはロゴフ（Rogoff 1990）やトマセロら（Tomasello et al. 2005）などに代表されるように幼少期におけ

る子どもの発達・学習か[7]，パリンクサーとブラウン（Palincsar & Brown 1984）に代表されるような教室における相互教授プロセスに関する研究，あるいは，レイヴとウェンガー（Lave & Wenger 1991）の観察のように製造業を中心とした仕事現場の研究だけに焦点化されてきた傾向がある。

　本書では，その舞台をホワイトカラーのビジネスパーソンが働く職場に求めたい。労働者の第3次産業に従事する割合は，年々高まり，すでに80％に至ろうとしている。多くのビジネスパーソンが働くホワイトカラーの職域において，どのような他者と出会い，それらの他者を媒介として，いかなる業務能力向上を果たしているのかを明らかにすることは，一定の意味があるものと考えられる。

　具体的に述べるならば，彼らは，他者からどのようなスキャフォルディング（支援）を受けて能力向上を果たしているのだろうか。あるいは，彼らが業務能力向上を果たすとき，彼らは，どのような他者とのコミュニケーションの中にいるのだろうか。また，そこに組織要因はどのような影響を与えているのだろうか。

　本書における探求の核心は，そこにある。1.3節では，再度，筆者が探求する問題の核心に迫る。

1.3　研究の枠組みとリサーチクエスチョン

　1.1.2項の最後，筆者は，本書において次の問いを探求する，と述べた。

　　①人は職場で，どのような人々から，どのような支援を受けたり，どのようなコミュニケーションを営んだりしながら，業務能力の向上を果たすのか。

7）　例えば，トマセロら（Tomasello et al. 2005）では，幼児は，親などの他者の視線を共有することによって発達が促されるという（共同注意：Joint attention）。他者の視点と物体，および，自己の視点を重ね合わせることで，物事を理解し，次の展開を予期することが可能になる。この意味において，人間の発達は，他者の視線や他者そのものの果たす役割が非常に大きいともいえる。

②職場における人々の学習を支える他者からの支援やコミュニケーショ
ンに影響を与える，職場の組織要因とはどのようなものなのか。

　ここではこの2つの問いを，次の問いに分解し，本書ではそれら問1か
ら問4までを明らかにする。

問1　他者からの支援の特性

　人は職場のどのような他者から，どのような支援を受けているのだろうか。
　この問いは，第2章において詳述する。人は，職場の，様々な他者から，
異なったタイプの支援を受けている。この具体像を明らかにする。

問2　成人の学習の特性

　人は職場においてどのような能力を向上させているのだろうか。
　この問いに関しては，第3章において詳述する。6つの次元から構成され
る業務能力尺度，また，それらの合成尺度を用いて，能力向上の実態を実証
的にとらえる。

問3-1　他者からの支援と学習の関係

　どのような他者から，どのような支援を受けている人が，どのような能力
向上を果たしているのだろうか。

問3-2　他者からの支援と組織要因の関係

　他者からの支援に影響を与えている職場の組織要因が何かを探索的に明ら
かにする。

　問3-1は，すなわち，問1で得られた結果と問2における結果の「関係」
を探索的に明らかにすることにある。問3-2は，問3-1で得られた結果と
職場の組織要因，具体的には職場の学習風土（学習に関連する職場の風土要因）
との関係を明らかにすることである。
　これらは第4章において詳述する。

問4 職場内コミュニケーションと学習，および，組織要因の関係

職場内のコミュニケーションは，能力向上にどのような影響を与えるのか。また，それは職場の風土からどのような影響を受けるのか

具体的には職場内で実施される成功経験・失敗経験のコミュニケーションと能力向上，および，職場風土の関係を明らかにする。これは第5章にて詳述する。

次頁の図6にそれぞれの問いの関係を模式図で示した。

1.4 調査データと分析対象

1.3節で述べた問いを探求するにあたり，筆者が用いたデータについて説明する。本書で用いるデータは，次の3種類のデータである。

①「他者支援調査」

「他者支援調査」は，富士ゼロックス総合教育研究所，筆者，松尾睦の共同研究による。調査の主要コンセプト，質問紙設計，予備調査，サンプリングの決定，分析方針の決定，分析結果の議論などを共同で行い，2008年7月14日から8月22日のあいだに組織調査を実施した。

調査は，28歳から35歳の正社員で半年以内に異動を経験していない人を対象に，Web調査の形式で行った。調査目的は，職場における若手中堅社員が，どのような他者から支援を受けて，どのような成長実感を持っているのかを明らかにすることであった。

この調査票の設計にあたって，一部の質問項目は，組織学習論，経験学習論，社会関係資本論の理論的枠組みに基づいたものを用いている。しかし，その多くは既存の質問項目および尺度を活用することができなかったため，本調査の前に2度の予備調査を実施して，それを開発することとした。第2章から第4章で論じているものの多くは，独自に開発した質問項目によるものである。

予備調査①は2008年2月18日から3月3日に実施した。28歳から35歳の正社員を対象として，仕事における他者とのかかわりと，そこから何を学

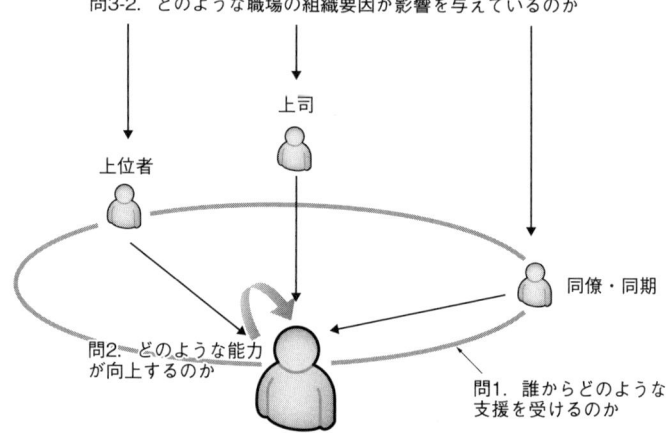

問3-2. どのような職場の組織要因が影響を与えているのか

上司

上位者

同僚・同期

問2. どのような能力が向上するのか

問1. 誰からどのような支援を受けるのか

問4. 職場内のコミュニケーションはどのように能力向上に影響を与えているのか　どのような職場の組織要因が影響を与えているのか

図 6　本書で取り扱う問いの関係図

んだのかを，自由回答方式で答えてもらった。

　調査は，企業人事部を窓口として，5 名から 10 名程度の回答者を抽出（有意抽出）してもらい，Web 調査の形式で行った。依頼数は 132 名（17 社）であり，有効回答数は 98 名（74.2%）であった。この結果をもとに質問項目と調査フレームを作成した。

　予備調査②は予備調査①の結果を踏まえて作成した質問項目 270 問を用いて，28 歳から 35 歳の正社員で，半年以内に異動をしていない人を対象にして，2008 年 5 月 12 日から 5 月 26 日にかけて行った。調査方法は質問紙調査の形式である。企業の窓口の方に各 30 名の回答者を抽出（有意抽出）してもらった。その上調査票と返信用封筒を配付してもらった。調査の目的は質問項目案の絞り込みを行うこと，および，既存尺度の妥当性の確認である。得られた定量データをもとに探索的因子分析を行い，最終的に 158 問の質問項目を決定した。

　予備調査②の結果を踏まえ，本調査を実施した。依頼は富士ゼロックス総合教育研究所の顧客企業である 37 社 3506 名を対象に行った。

　回答者は，企業の人事部を窓口として，特定の部門，業種，年齢に偏りが

ないように回答者を抽出（有意抽出）してもらった。有効回答数は 2304 名（65.7%）であった。従業員数 500 名未満の企業に勤める人の割合が 4.8%（111 名），1000 名から 1 万名未満の割合が 66.6%（1534 名），1 万人以上の企業に勤める回答者の割合が 28.6%（659 名）であった。

　回答者の属性，および，参加企業の属性は，次頁の表 1 に示すとおりである。

　本書では，第 2 章から第 4 章，第 6 章の一部の分析において，「他者支援調査」で取得したデータを用いる [8]。

② 「ワークプレイスラーニング調査」

　「ワークプレイスラーニング調査」は，株式会社ダイヤモンド社，筆者，松尾睦とで実施した職場風土が個人の学習に与える影響を考察するための共同研究である。調査の主要コンセプト，質問紙設計，予備調査，サンプリングの決定，分析方針の決定，分析結果の議論などを共同で行った。

　第 5 章の分析は，本調査データを用いて，筆者が独自に行った。

　質問紙は，2008 年 7 月から 8 月にかけて，日本企業 8 社に勤務する 19 歳から 35 歳までの会社員 1300 名を対象に，各社の人事部をとおして配付した。8 社の業種は，情報通信業 1 社，製造業 3 社，サービス業 2 社，小売業・流通業 1 社，金融業 1 社のホワイトカラーである。

　質問票は，各企業の人事部から 675 名の回収を得た（回収率 51.9%，男性77.5%，女性 22.5%，平均年齢 26.4 歳）。回答者の職種は，営業職（30.1%），事務職（12.6%），企画職（8.0%），サービス職（6.5%），専門職（1.9%），技術・開発職（20.1%），ソフトウェア・ネットワーク技術職（4.4%），その

---

8)　本データの簡易結果報告については，『人材開発白書 2009』（富士ゼロックス総合教育研究所 2008）にまとめられている。『人材開発白書 2009』は，富士ゼロックス総合教育研究所の坂本雅明，西山裕子，井形有希，小串記代，松尾睦，筆者の共同研究として作成された。質問紙の設計，予備調査および本調査の設計，分析を共同で行った。同書は一般に市販されていないが，その報告の一部は中原・金井（2009）に転載されている。本書で取り扱われている内容は，当該データを用い，筆者が，再分析，追加分析を実施し，執筆されたものである。再分析にあたっては，厳密な分析結果を得るため，因子構成，分析モデル，統計手法を見直し，各種の新たな知見を得た。また，インタビュー結果を適宜用い，解釈をここに加えた。なお，第 3 章で用いている能力向上の構造に関しては，松尾睦と株式会社ダイヤモンド社の間で行われた「成長経験」に関する共同研究の「概念」，および，「尺度作成プロセス」に準じて，富士ゼロックス総合教育研究所，筆者，松尾睦の三者で質問項目・尺度を設計したものである。

表1　回答者の属性

性別	人数（人）	割合（%）	職種	人数（人）	割合（%）
男性	1812	78.6	事務職	527	22.9
女性	492	21.4	企画職	113	4.9
合計	2304	100	研究・開発職	394	17.1
			技術・SE職	536	23.3
			営業職	492	21.4
年齢（歳）	人数（人）	割合（%）	サービス職	87	3.8
28	174	7.6	その他	155	6.8
29	240	10.4	合計	2304	100
30	263	11.4			
31	259	11.2			
32	299	13.0	業種	人数（人）	割合（%）
33	307	13.3	建設業	83	3.6
34	378	16.4	化学	268	11.6
35	384	16.7	石油・ゴム	52	2.3
合計	2304	100	鉄鋼	2	0.1
			非鉄・金属	50	2.2
			機械	168	7.3
			電気機器	464	20.1
			輸送用機器	29	1.3
			精密機器	167	7.2
			その他製造	160	6.9
			商業	90	3.9
			金融・保険	91	3.9
			不動産	13	0.6
			陸運	16	0.7
			空輸	6	0.3
			倉庫・運輸関連	18	0.8
			通信	105	4.6
			電気・ガス	51	2.2
			サービス	252	10.9
			その他	219	9.5
			合計	2304	100

他（1.0%）であった。

③ヒアリング調査

　職場内の学習の実態を明らかにするため，2007年より2010年にわたって継続的に実施しているヒアリング調査である。ヒアリング対象は，22歳から35歳までの若手人材，人事部・人材開発部の課長，部長クラスの人々で

ある。勤務先は、そのほとんどが従業員規模1000名以上の企業である。業種は食料品からIT企業に至るまで多岐にわたる。

　ヒアリングは1）若手・中堅社員の成長，2）1）に対するマネジャーや人事部，組織からの支援について，3）職場の風土や文化の変容について，などを大枠の質問項目として，非構造化インタビューのかたちで実施した。

　本書でのヒアリング調査データの位置づけは，定量データでは伝わりきらない職場の学習の実態や具体像を描くためのものとする。

　以上，3種類の定量データ，定性データを適宜用い，1.3節で論じたリサーチクエスチョンに答えるものとする。

1.5　第1章で明らかになったこと：職場における学習の意義

　第1章では，本書の社会的背景を概観した。バブル崩壊後の「終身雇用」「年功序列賃金」「職能資格制度」等の雇用政策の転換によって，OJTやOFF-JTといった人材開発施策の実施が低下傾向にある一方で，企業の競争優位を支えるために企業のコアコンピタンスのひとつである人材開発の重要性が増していることが，わかった。本書で筆者が取り上げる「職場学習」は，こうした日本企業が抱えるジレンマを解消する上で，ひとつの有効なアプローチであると考えられる。

　続いて，組織社会化論，経験学習論，組織学習論など，関連する先行研究動向をレビューした。本書のアプローチの独自性は，職場において，多種多様な他者との関係性や相互作用をとおして立ちあらわれてくる個人の学習を，実証的にとらえようとすることである。

　最後に，本書を通じて筆者が探求するべき問いを明らかにし，探求のために利用する各種データに関して詳述した。

　第2章では，いよいよ，具体的にデータを用いた分析を開始する。第2章で探求するべき問いは，「職場において人は，どのような他者から，どのような支援を受けているのか」である。

第2章　職場における他者からの支援

> 人間の本質は，ひとりひとりの個人に内在する抽象物ではない。現実には，人間の本質は社会の諸関係の総体である。
>
> （Marx, K.）

　第2章では「職場において人は，どのような他者から，どのような支援を受けているのか」について考察する。

　具体的には，「他者支援調査」のデータを対象として因子分析を行い，職場において人々が他者から受けている支援を3つの種類に分けた。「業務支援」「内省支援」「精神支援」の3つである。これら3種類の支援が，それぞれ，どのような人々からもたらされているのか，を分析する。職種によって受けられる支援の量と種類にどのような違いがあるかについても分析する。

　昨今，職場の中の人のつながりは徐々に失われていると言われている。平成19（2007）年『国民生活白書』のデータによると，家族を最も大切なかかわりだとする人の割合が増える一方で，職場の人との深いつきあいを志向する人々の割合は，1973年の59ポイントから，2003年度の38ポイントへと大幅に下落している（内閣府 2007）（次頁，図1）。

　ここでいう「深いつきあい」が，本書で取り扱う「支援」と必ずしも同義というわけではないが，現在の職場では，人間同士の深いつながりやコミュニケーションが薄れつつあることは容易に想像できる。

　いったい，現在の職場では，どのような人の支援が存在しているのだろうか。具体的には，人は，どのような人と関係を取り結び，自分の成長にかかわる，どのような種類の支援を受けているのだろうか。本章において明らか

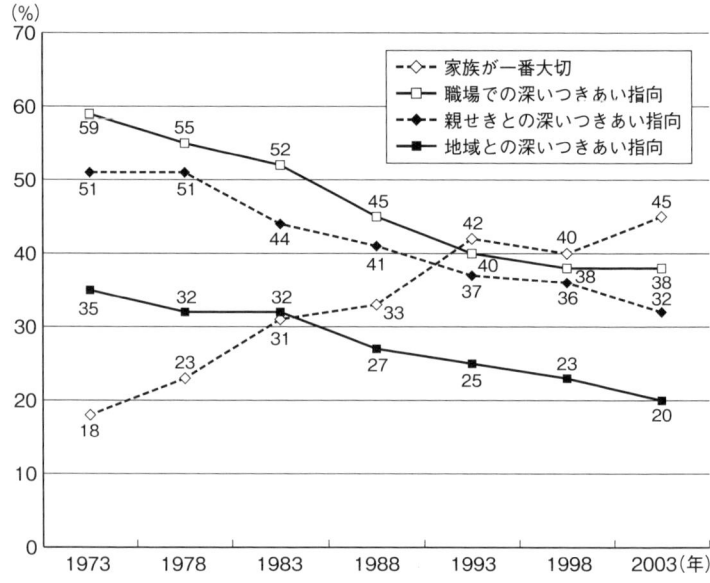

図1 希薄化する職場・親せき・地域とのつきあいと高まる家族の大切さ
（内閣府 2007）

(注)「家族が一番大切」の比率は統計数理研究所「国民性の研究全国調査」（20歳以上80歳未満の有権者対象）による。あなたにとって何が一番大切かという問いに対する自由回答を整理したもの。深いつきあい指向の比率はNHK放送文化研究所「現代日本人の意識構造」による。「職場」「親せき」「地域」は「職場の同僚とのつきあい」あるいは「親せき」,「隣近所の人とのつきあい」について「なにかにつけ相談したり，たすけ合えるようなつきあい」を望ましいとする者の割合。

にしたいのは，この問題である。

2.1 他者からの支援

1.4節で既述したように，「他者支援調査」は，2008年に，28歳から35歳の正社員で半年以内に異動を経験していない人を対象として実施した調査であり，有効回答数2304名を得た。

回答者には「日々の仕事をしていく上で，最近，あなたが他者とどのようにかかわっているかをお聞きします。日常業務において最もかかわりを大切にしている人を選んでください。その上でその人はあなたとどのようにかかわっていますか」という教示文を提示し，その後，仕事をしていく上で彼ら

から受けている支援について，17の質問項目にわたり，それぞれ答えてもらった[1]。

　回答者にはまず「かかわりの深い人」を2名あげてもらった[2]。「かかわりの深い人」の下位カテゴリーには「同じ職場」「他の職場の人」「社外の人」という3つの水準をもうけた。

　それぞれの水準の下位カテゴリーとして「同じ職場の人」には「同じ職場の上司」「同じ職場の上位者・先輩」「同じ職場の同僚・同期」「部下・後輩」をもうけた。「他の職場の人」には「他の職場の上位者」「他の職場の協業者」「他の職場の同僚・同期」を設定した。「社外の人」の下位カテゴリーは「お客様」「取引先・協力会社など社外の協業者」「社外の交流会や勉強会のメンバー」とした。

　結果は次頁の図2のようになった。

　この結果を見ると，「同じ職場の人」と回答する人が，上司，上位者・先輩，同僚・同期，部下・後輩を含めて74.8%を占めている。上司は20.4%，同じ職場の上位者・先輩は20.4%，同じ職場の同僚・同期は24.3%，部下・後輩は9.7%となった。業務を通じて生じる他者とのかかわりは，彼らが日常生活を営む職場にあることがわかる。

　序章において筆者は，人は，6万8400時間を職場で過ごしていると述べた。この数字は職場での社会的関係がいかに濃密かを物語る。本書のメインテーマは職場内における人々からどのような支援を受けているのか，であるため，本章から第4章においては，「同じ職場の人」のみを分析対象とすることにした[3]。

---

1)　教示文内には，あえて「支援」という言葉を含めなかった。本書において明らかにしたい「支援」とは，日常的な業務の中で行われる「他者の仕事に対する援助的な介入」である。業務遂行に関する助言や指導，業務の出来不出来に対するフィードバック，精神的な安息や安心感の提供などが，それに含まれる。しかし，1)「支援」という言葉は，一般のビジネスパーソンにとってはなじみのない，また，ともすれば2) 社内の制度や職制上の責務から提供される助言やアドバイスのみを想起してしまいがちであること，3) 上位者―部下の垂直関係だけに生じるものであるかのように誤解されがちであることなどから，あえて「支援」という言葉を避けた。かわりに，質問文中においてより包括的な用語を用いる必要があると考え，よって「かかわり」という一般的な言葉で教示文を作成した。
2)　第2章から第4章の分析においては，第1位にあげてもらった他者から受けた支援を分析している。第2位を含めた分析は第6章において行っている。

50

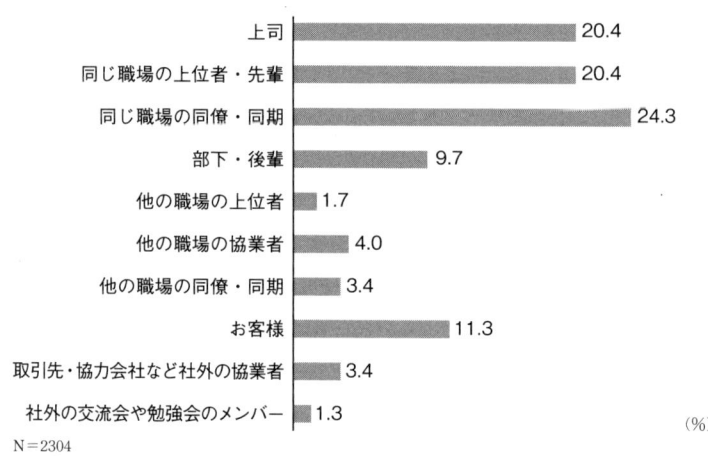

N＝2304

図2　他者とのかかわり（第1位）（富士ゼロックス総合教育研究所　2008）

　次に，職場の人々から受けている支援の内容を明らかにするため，表1
の17項目にわたる質問項目に対して，5件のリッカート尺度で最も当ては
まるものを回答してもらった。5件は「よくあてはまる」「あてはまる」「ど
ちらともいえない」「あてはまらない」「まったくあてはまらない」の5つ
であった。「よくあてはまる」に5点，「あてはまる」に4点，「どちらとも
いえない」に3点，「あてはまらない」に2点，「まったくあてはまらない」
に1点を与えた。

　各質問項目，および，その記述統計量は表1のとおりである。

　平均値，および，標準偏差を概観したところ，その値に大きな偏りは生じ
ていない。よって，この17項目に対して主因子法による探索的因子分析を
試みた。

　探索的因子分析の結果，および，因子間相関係数の結果は，表2のとお
りである。

　まず，固有値の変化は6.97，2.29，1.50，0.82というものであった。固
有値1以上を基準とすると，3因子構造が妥当であると考えられた。

　そこで再度3因子を仮定して，主因子法・プロマックス回転による因子

　3）　ちなみに本書第6章においては，社外の人々を分析対象に加えて，越境学習論の可能性
　　を論じ，今後の企業人材育成のあり方に関する今後の課題を述べている。

表1　他者から受けている支援の質問項目・記述統計量

	平均値	標準偏差
①自分にはない専門的知識・スキルを提供してくれる	3.78	1.02
②仕事の相談にのってくれる	3.78	1.07
③仕事に必要な情報を提供してくれる	4.00	0.85
④仕事上の必要な他部門との調整をしてくれる	3.29	1.17
⑤自分の目標，手本となっている	3.39	1.06
⑥自律的に働きかけるよう，まかせてくれる	3.39	1.12
⑦仕事のやる気を高めてくれる	3.53	0.95
⑧自分について客観的な意見を言ってくれる	3.61	0.99
⑨自分自身を振り返る機会を与えてくれる	3.55	0.97
⑩競争心を高めてくれる	3.15	1.02
⑪自分の良い点を伸ばしてくれる	3.27	0.94
⑫自分にない新たな視点を与えてくれる	3.92	0.83
⑬精神的な安らぎを与えてくれる	3.10	1.10
⑭仕事の息抜きになる	3.23	1.17
⑮心の支えになってくれる	3.16	1.07
⑯プライベートな相談にのってくれる	2.96	1.18
⑰楽しく仕事ができる雰囲気を与えてくれる	3.58	1.01

表2　他者から受けている支援の探索因子分析・因子間相関係数の結果

項目	第1因子	第2因子	第3因子	共通性
⑭仕事の息抜きになる	0.92	−0.157	−0.044	0.527
⑬精神的な安らぎを与えてくれる	0.87	−0.069	0.015	0.611
⑯プライベートな相談にのってくれる	0.76	−0.018	0.016	0.444
⑮心の支えになってくれる	0.75	0.107	0.049	0.470
⑰楽しく仕事ができる雰囲気を与えてくれる	0.61	0.141	0.010	0.625
④仕事上の必要な他部門との調整をしてくれる	0.00	0.752	−0.160	0.493
①自分にはない専門的知識・スキルを提供してくれる	−0.15	0.735	0.086	0.569
⑥自律的に働けるよう，まかせてくれる	0.00	0.721	−0.042	0.634
⑤自分の目標，手本となっている	0.07	0.707	0.082	0.442
②仕事の相談にのってくれる	0.26	0.672	−0.072	0.737
③仕事に必要な情報を提供してくれる	−0.13	0.662	0.100	0.724
⑨自分自身を振り返る機会を与えてくれる	0.05	−0.175	0.842	0.695
⑫自分にない新たな視点を与えてくれる	−0.08	0.117	0.641	0.593
⑧自分について客観的な意見を言ってくれる	0.13	0.155	0.582	0.475
固有値	5.760	2.292	1.246	
寄与率	41.143	16.368	8.900	

因子間相関係数		第1因子	第2因子	第3因子
	第1因子	—	0.419	0.524
	第2因子	0.419	—	0.511
	第3因子	0.524	0.511	—

分析を行った。その結果，同じ因子としてまとめるのに解釈が難しい3項目を除外した。再度，14項目に対して，主因子法・プロマックス回転による因子分析を行った。回転前の3因子で14項目の全分散を説明する割合は63.42% になった[4]。

　第1因子は5項目で構成されており，「仕事の息抜きになる」「精神的な安らぎを与えてくれる」など「他者から与えられる精神的安息の支援」に関する項目が高い負荷量を示していた。そこでこれを「精神支援」因子と命名した。

　さて，この「精神支援」が，具体的にはいったいどのようなものをさすのかに関しては，ビジネスパーソンに対するヒアリング調査のプロセスにおいて，典型的な語りを聞くことがあった。

　次は長いあいだ営業に従事していた男性マネジャーの語りである。男性マネジャーは，営業の仕事をしていく上で，職場において，どのようなかたちで精神的安息を得ていたのかについて語っている。

　　「だいたい，職場での会話のオチは決まっているんですよ。社内で同期にあいます。出張から戻ってきて，<u>何となく，この間にあったことを職場で話す</u>。こんなこと，しでかしちゃったよ。<u>あーあーあー，おれもだよ</u>，みたいな。要するに，<u>何となく，傷をまずなめ合う</u>。それで，ひとしきり話したあと，まー，いうてもしゃーない，来週，またがんばろうな，みたいな，<u>オチになるんです</u>。毎回，それ。でも，<u>安心するんです</u>」

　男性マネジャーの語りからは，精神的な安息が，職場の人との「オチ」の決まった会話からもたらされていることが見て取れる。取引先から職場に戻ってきたとき，自分の活動や仕事上の失敗を，自然と，他者に話す。他者の

---

4)　富士ゼロックス総合教育研究所（2008）の『人材開発白書2009』の分析においても，①内省支援，②業務支援，③精神支援の3つの次元が見いだされた。本書では，同調査において内省支援の質問項目としてまとめられていた「仕事のやる気を高めてくれる」「競争心を高めてくれる」「自分のよい点を伸ばしてくれる」の3項目を，因子負荷量，および解釈上の問題から，1因子としてまとめることは難しいと判断し，除外している。

方もそうすることで，自然と精神的な安息を相互に与え合うということである。このような非公式の「オチ」の決まった会話が，いわばルーチン化し，職場の人々によって，「自然」と担われていることで，精神的な安息を得ている様子がわかる。

　第 2 因子は，6 つの質問項目から構成されており，「仕事に必要な情報を提供してくれる」「仕事の相談にのってくれる」など，業務に密接に関係する支援の内容の項目が高い負荷量を示していた。これは業務を遂行する上で必要な支援を受けていると考えられる。よって，これを「業務支援」因子と命名した。

　「業務支援」に関しては，ヒアリング調査において，次のような語りが得られている。某製薬会社に 4 年間勤めている男性社員（MR）の語りである。この男性社員は新任の頃の自分を振り返って，次のように述べている。

　「半年間の研修を受けて，現場に［MR として］配属されるのですが，私は，当初，会社の戦略を一通り学んで，それを先生［医者］にアウトプットして，One way に紹介するのが，自分の仕事だと思っていました。でも，一人の MR に与えられる時間は 1 分くらい。でも，先生に話しかけて，一言で終わっちゃうんです。時には冷たくされて。先生は，僕には忙しいというのだけれども，他社の MR にはあっている。悔しかったです。でも，なぜなのか，その理由がわかりませんでした。（中略）

　そんなとき，先輩に，ずいぶんお世話になりましたね。まずは，薬の専門知識とか。当時の僕は，今から考えると，常識中の常識をわかっていませんでした。先生から聞かれたことはわからず，すべて持ち帰ります，になっていました。帰ってきて，文献を調べる方法とか，専門知識とか，先輩にわからないことがあるたびに聞きました。あと，いっぱい［先生と］会うことは重要だけど，先生によって，やり方をかえたほうがいいのではないか。その先生はどういう専門で，どういう人間なのか。先生が興味を持ちそうなことは何なのかを調べなきゃならない。話しか

け方ひとつでも，工夫できないか，と，<u>ひとつひとつ教えられました</u>。

　それまでの自分は，焦るあまり，「お忙しいところすみません，実は，○○という商品があって」と切り出していた。でも，「お時間はよろしいでしょうか？」とワンクッションおいて，そこから相手の反応を見るかたちにするほうがいいのではないか，とか［教えてもらいました］。（中略）

　MR の仕事はコミュニケーションなのですけれど，そういう基礎ですね。1 年くらいたったくらいですかね，ようやく，意思疎通がはかれるようになってきたのは。（中略）<u>先輩は，病院の仕事は“細く長く”だ，と，いつもいっていました</u>。この言葉は，今も残っています」

　男性社員は，新任の頃の自分の仕事を振り返っている。当時彼は，MR の仕事が「会社の戦略を医者にアウトプットすること」だと思っていたため，限られた時間の中で医者に自分の言いたいことを注入することに躍起になっていた。

　しかし，なかなか医者とのコミュニケーションは円滑に進まない。その背景には，男性社員自身が，医者とのコミュニケーションに最低限必要な知識や常識なども持ち合わせていなかったことなどがある。

　しかし，先輩社員の丁寧な指導，事細かな指摘によって，ようやく 1 年後くらいに，医者との「コミュニケーション」が可能になったと報告している。先輩社員はいつも「病院の仕事は細く長くだ」と指導をしていたという。

　本書でいうところの「業務支援」とは，この男性社員と先輩の関係の中で営まれていた相互作用に近似している。業務を遂行していく上で直接的に関係してくる助言や指導のことをさす。

　第 3 因子は 3 項目で構成されており，「自分自身を振り返る機会を与えてくれる」「自分について客観的な意見を言ってくれる」などの内容の項目が高い負荷量を示していた。

　1.2.2 項で論じたように，職場における成人の学習にとって重要なのは内省や省察を重ねることである。いまだ熟達していない若年層にとっては，こ

うした内省のきっかけを他者から得られることが重要になる。そこでこの因子を「内省支援」因子と命名した。「内省支援」とは，例えば，次のような支援である。イベントの企画を担当していた男性社員が，「なぜか，なぜか」と先輩社員に問われ続け，「気づき」を得るプロセスを語っている。

　　　「［かつて仕事で］イベントの企画をしていたときに，企画は失敗はしなかったものの，準備がうまくいかず，いろんな人に迷惑をかけて，会自体は何とか終わるという企画があったんです。（中略）
　　　そのときは，先輩に怒られながら，もう一度，すべてプロセスを見直しました。先輩は答えは何も言ってくれません。なぜか，なぜ，なぜか，と問われていくと，結局，いくつか，自分で，はっと気づきましたよ。［そのときの僕は］仕事を逆さまに考えられなかったんですね。ゴールの逆から考えて，今，何をやらなければならなかったのか，何が重要なのかを考えなかった。あと，全部 1 人で抱えてしまっていたことに気づきました。ふれる仕事はふればいいんですよね。なるべく仕事を自分で抱えない」

　イベントに準備不足でのぞむという失敗をおかしてしまった男性社員に対して，彼の先輩が，もう一度，仕事のプロセスを一緒に見直しているシーンが語られている。
　先輩は決して「答え」は与えてくれない。この意味で，先輩は「教育」や「指導」をしない。彼が行っていたのは「なぜか」と問うことと，男性社員自身が，自分で，自分の仕事のプロセスの中にある改善点に「はっと気づ」くことである。
　この結果，この社員は，結局，「仕事を逆さまに考えられなかった」こと「全部 1 人で［仕事を］抱えてしまっていたこと」に気づいた。
　このように，「内省支援」とは，ある業務の経験や自分自身のあり方を客観的に振り返る機会を他者から与えられることである。比喩的に述べるならば，それは「自ら考えさせ，自ら気づかせる」ための支援といってもよい。
　以上，「精神支援」「業務支援」「内省支援」の具体について説明した。

　次に「精神支援」「業務支援」「内省支援」を構成する質問項目の得点を単純加算し，項目数で割ることで，平均値を算出した。内的整合性を確認するための係数を計算した。結果は表3のようになった。

　これら3次元について確認的因子分析を行った。3つの因子からそれぞれ該当する項目が影響を受け，すべての因子間に共分散を仮定したモデルで分析を行ったところ，適合度指標はGFI＝0.905，AGFI＝0.865，RMSEA＝0.097，AIC＝1673.858であった。3つの因子間の相関は高く，統計的優位な結果を示した。最終的なモデルの分析結果は図3のようになった。

2.2　誰からどんな支援を得るのか？

　2.1節の分析によって，職場で人が他者から受ける支援に関しては，「業務支援」「内省支援」「精神支援」という3つのタイプが存在することがわかった。

　職場で，人は，業務に関する助言指導を受けたり，時に，自らの仕事を振り返る機会を与えられたりする。失敗をおかしてしまった日，モティベーションが下がった日などには，お互いをなぐさめあい，精神的な支えになるような言葉掛けをする。

　私たちの日常を振り返ってみても，このような経験をしたことがないという人は，おそらく，いない。

　しかし，よく考えてみれば，これらの支援を同じ人から満遍なく受けているという場合は少ない。上司の中には業務に関する支援に特化して行う者もいれば，自分の役割は「精神支援」だけに限る，としている人もいる。いろいろ，あれこれと，業務に関して教えてくれる世話焼きの同僚・同期もいれば，困ったときだけなぐさめてくれる同僚・同期もいるだろう。

　続く本節では，上記の問題——すなわち，人は，職場で誰からどの程度の支援を得ているのかについて分析を行う。

　同じ支援においても，提供元が異なれば，支援の量に差がある場合がある。例えば，部下の育成責任を負っている上司は，一般に「業務支援」を多く提供している可能性がある。また，同僚・同期は同じ職場に働くものとして，

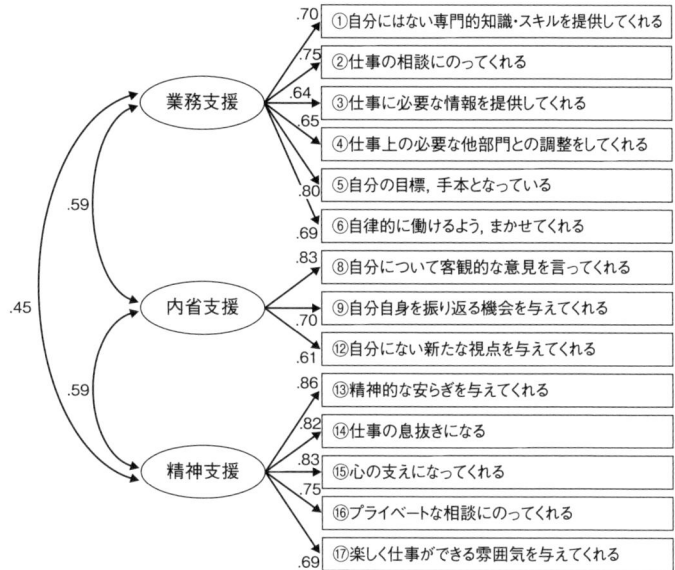

図 3　確認的因子分析のモデル図

表 3　「業務支援」「内省支援」「精神支援」の記述統計量

	最小値	最大値	平均値	標準偏差	α 係数
業務支援	1	5	3.60	0.80	0.85
内省支援	1	5	3.69	0.76	0.75
精神支援	1	5	3.20	0.92	0.89

「精神支援」を提供している可能性がある。このように支援の提供元によって，受けることのできる支援の量の違いを分析した。

2.2.1　誰から業務支援を受けているのか？

　分析は，「同じ職場の人」の下位カテゴリー「同じ職場の上司」「同じ職場の上位者・先輩」「同じ職場の同僚・同期」「部下・後輩」の 4 カテゴリーを独立変数とし，「内省支援」「精神支援」「業務支援」の平均値を，それぞれ従属変数に設定した分散分析を実施した。その結果を 59 頁表 4 に示す。

　まず「業務支援」について分散分析を行った結果，群間の平均値に差が見られた（F(3, 1703)=359.61　p<.001）。これに対して，Tukey 法による多重比

58

較を試みたところ，すべての群間に1%水準での統計的有意な差が見られた。表4および図4に各群の平均値を示す。

図4によると「業務支援」を最大に行っているのは上司ということになる。その後は，上位者・先輩，同僚・同期，部下・後輩というふうに職位の高いものから低いものへ続く。

既述したように，上司は，通常，部下の育成責任を負っている。また，カッツとカーン（Katz & Kahn 1978）らによると職場におけるコミュニケーションの大勢を占めるのは上司—部下間のコミュニケーションであり，そこでは1）特定課業の指示，2）仕事を理解させるための情報，3）仕事の手続きに関する情報，4）仕事の達成度のフィードバック，5）組織目的を教える情報などがやりとりされている，という。このように上司—部下間のコミュニケーションは仕事の達成においてクリティカルな要素が多いので，上司が最も「業務支援」を行っていることは，驚くに値しない。

既述したように上司のあとは，上位者・先輩，その次に同僚・同期，部下・後輩と続く。職位・年齢に応じて業務経験の多寡が異なるであろうから，それに応じて「業務支援」を行っているのだと推測される。

2.2.2 内省支援を誰から得ていたのか？

同様に「内省支援」に関しても分散分析を行った。その結果，群間の平均値に統計的有意な結果が得られた（F(3, 1714)=4.95　p<0.01）。Tukey法による多重比較を試みたその結果，上司と部下・後輩間にのみ，1%水準の統計的有意な差が見られた（上司>部下・後輩）。

60頁の表5，および図5は各群の平均値を示している。

「内省支援」は上司，上位者・先輩，同僚・同期の3群のあいだでは，平均値に差はない。部下・後輩と上司とのあいだだけに平均値の差がある結果となった。この結果から，業務のあり方に対して客観的に意見したり，内省を促す働きかけは，上司のみならず，部下をのぞく様々な人々によって担われていることがわかる。

先ほどの「業務支援」が，業務経験の多寡によって提供される「業務支援」の量に違いがあったのとは対照的に，客観的に意見を述べたりすること

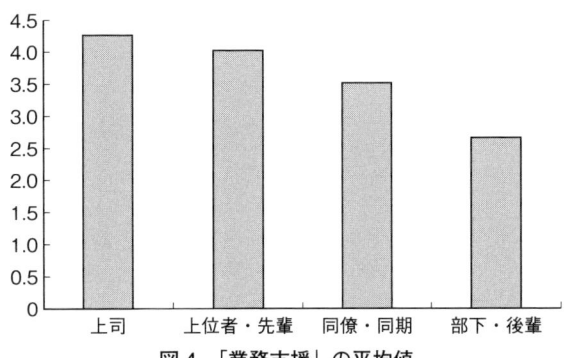

図 4　「業務支援」の平均値

表 4　業務支援の度数，平均値，
標準偏差

	度数	平均値	標準偏差
上司	470	4. 15	0. 54
上位者・先輩	468	4. 02	0. 53
同僚・同期	550	3. 54	0. 61
部下・後輩	215	2. 68	0. 73
合計	1703	3. 73	0. 75

※多重比較の結果
上司＞上位者・先輩（p<. 01）
上司＞同僚・同期（p<. 01）
上司＞部下・後輩（p<. 01）
上位者・先輩＞同僚・同期（p<. 01）
上位者・先輩＞部下・後輩（p<. 01）
同僚・同期＞部下・後輩（p<. 01）

は，比較的多くの人々によって担える可能性がある。先ほど紹介した「イベ
ント企画の失敗を振り返った」男性社員に対して，「内省支援」を与えてい
たのは上位者・先輩であった。男性社員は，先輩と一緒に仕事のプロセスを
振り返ることで，「なぜか，なぜ，なぜか，と問われていくと，結局，いく
つか，自分で，はっと気づきましたよ」と述べていた。

　興味深いのは，統計的有意な差はないものの，同僚・同期の提供する「内
省支援」が，上位者・先輩の提供する「内省支援」をわずかに上回っている
ことである。通常，「支援」というと，垂直的な関係のもとに行われる活動
を想起しがちであるが，決してそうではない。水平的な関係における「内省
支援」も，また重要であることがわかる。

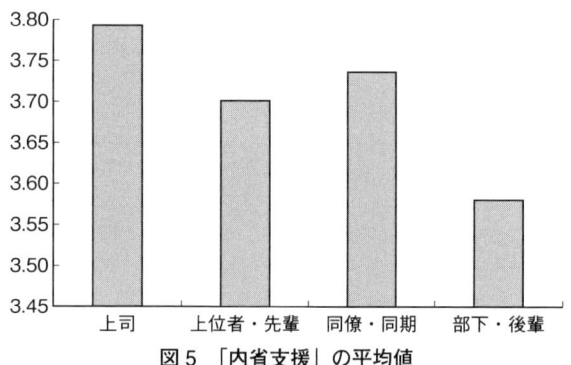

図5 「内省支援」の平均値

表5 内省支援の度数，平均値，
標準偏差

	度数	平均値	標準偏差
上司	471	3.79	0.72
上位者・先輩	468	3.70	0.69
同僚・同期	553	3.74	0.68
部下・後輩	222	3.58	0.82
合計	1714	3.72	0.71

※多重比較の結果
上司 > 部下・後輩（p<.01）

2.2.3 精神支援

　最後に「精神支援」について調べた（表6・図6）。分散分析の結果は群間
の平均値に有意な差が見られた（F(3, 1706)=50.08　p<.001）。Tukey 法に
よる多重比較を試みたところ，「上位者・先輩＞上司（p<.01）」「同僚・同期
＞上司（p<.01）」「同僚・同期＞上位者・先輩（p<.01）」「同僚・同期＞部
下　（p<.01）」のあいだに統計的有意な差が見られた。

　「精神支援」を提供している最大のエージェントは「同僚・同期」である
ことがわかる。その次に「上位者・先輩」さらには「部下・後輩」，最後に
「上司」と続く。

　上司は，最も，「精神支援」を提供することが少ない。しかし，第4章に
おいて後述するが，ここには最大のパラドクスが存在する。つまり，「精神
支援」を提供する機会は少なくても，能力向上観点からすると，上司の「精

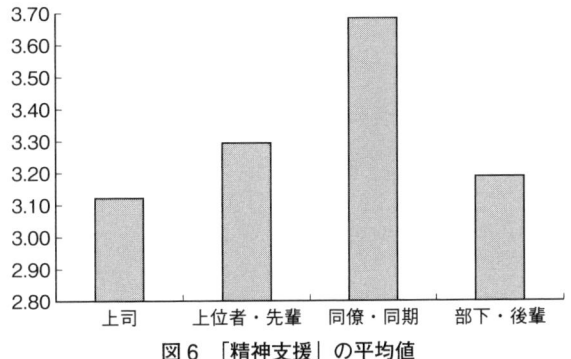

図 6 「精神支援」の平均値

表 6 精神支援の度数，平均値，
標準偏差

	度数	平均値	標準偏差
上司	460	3. 12	0. 80
上位者・先輩	468	3. 30	0. 82
同僚・同期	555	3. 69	0. 74
部下・後輩	220	3. 19	0. 82
合計	1703	3. 36	0. 83

※多重比較の結果
上位者・先輩＞上司 （p<. 01）
同僚・同期＞上司 （p<. 01）
同僚・同期＞上位者・先輩 （p<. 01）
同僚・同期＞部下 （p<. 01）

神支援」の果たすべき役割は非常に大きいという発見である。詳細は，第 4 章で述べる。

　上位者・先輩と部下は上司以上，同僚・同期以下の「精神支援」を提供しているものの，この 2 つの群間に差はないことがわかる。

2.3　職種と他者からの支援

　次に，職種の違いによって，他者から得られる支援の量に違いがあるのかどうかを調べる。2.2 節と同様に，職種を独立変数とし，「業務支援」「内省支援」「精神支援」を従属変数として分散分析を試みた。職種の分類は「事務職」「企画職」「研究開発職」「技術職・SE 職」「営業職」「サービス職」「技能職」である。

　記述統計，および分散分析の結果は表7・図7のようになった。表の上段には各支援の平均値，下段には標準偏差を示してある。「業務支援」「内省支援」「精神支援」いずれの支援においても職種による平均値の差が認められた（$F_{(6, 2255)}=2.416$　$p<.01$：業務支援，$F_{(6, 2255)}=4$　$p<.01$：内省支援，$F_{(6, 2255)}=5.41$　$p<.01$：精神支援）。

　次に，Tukey法を用いて多重比較を行ったところ，「業務支援」については，「事務職＞営業職（$p<.05$）」に統計的有意な差が認められた。「業務支援」の量に関しては，事務職が営業職を上回っていることを意味する。他の職種間には統計的有意な差は認められなかった。

　次に「内省支援」については，「事務職＜営業職（$p<.05$）」「技術職＜営業職（$p<.001$）」に統計的有意な差が認められた。

　すなわち，1）「内省支援」を最も受けることができるのは営業職であること，2）営業職の「内省支援」は，事務職や技術職の人が受けている「内省支援」よりも量が多いことがわかる。

　先ほどの「業務支援」においては，事務職や技術職が営業職を上回っていた。よって，「業務支援」を引き受けることが多い，事務職・技術職では「内省支援」が少なく，内省支援を受けることが多い営業職は「業務支援」をあまり受けないことがわかる。

　また，統計的有意な差は認められないものの，研究開発職，技術・SE職などのいわゆる科学技術を担う職業において，「内省支援」が低い傾向があることがわかる（64頁，図8）。

　最後に「精神支援」については，「事務職＞研究開発職（$p<.05$）」「事務職＞技術SE職（$p<.001$）」という結果が得られた。研究開発職，技術・SE職などの，いわゆる理系職業において，「精神支援」が低いことが特徴的である（64頁，図9）。

　ここまでの分析の結果をまとめる。

1）事務職は，「業務支援」や「精神支援」を受けている一方で，「内省支援」を受けられてはいない

2）営業職は，「業務支援」を受けない一方で，「内省支援」を受ける傾向が

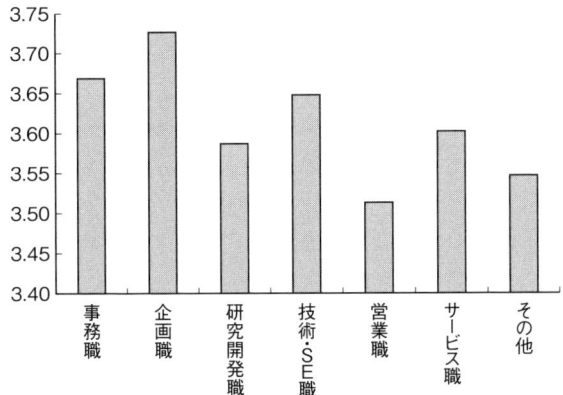

図7　職種による受けられる業務支援の違い

表7　職種によって受けている支援の違い

	業務支援	内省支援	精神支援
事務職	3.67	3.66	3.34
	(0.80)	(0.78)	(0.94)
企画職	3.73	3.82	3.15
	(0.75)	(0.74)	(0.96)
研究開発職	3.59	3.69	3.13
	(0.77)	(0.70)	(0.90)
技術・SE 職	3.65	3.61	3.06
	(0.79)	(0.76)	(0.87)
営業職	3.51	3.81	3.22
	(0.84)	(0.78)	(0.98)
サービス職	3.60	3.72	3.35
	(0.78)	(0.69)	(0.87)
技能職	3.55	3.63	3.35
	(0.84)	(0.82)	(0.90)
合計	3.61	3.69	3.21
	(0.80)	(0.76)	(0.93)

※上段：平均値，下段（　）内：標準偏差

高い

3）技術・SE 職に関しては，「内省支援」と「精神支援」がともに低い傾向がある

この結果を解釈するにあたっては，それぞれの職種が日常，1）どのよう

64

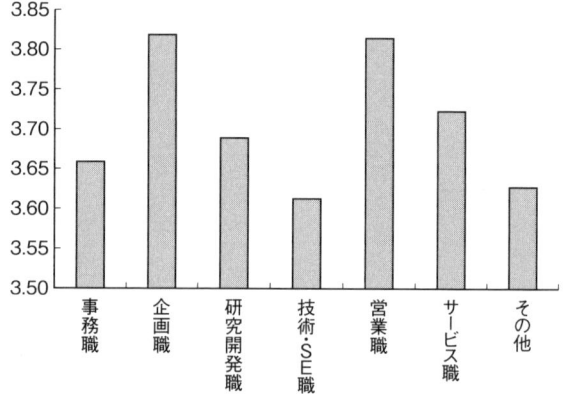

図8　職種によって受けられる内省支援の違い

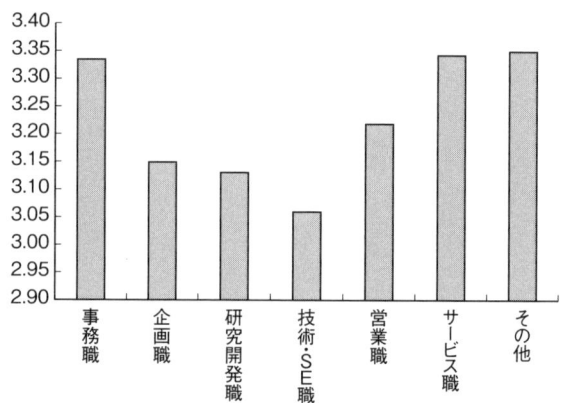

図9　職種によって受けられる精神支援の違い

　な場所（仕事をする場所）で，2）どのようなかたちで仕事をしているか（仕事の特質），という2つの側面から考えることができる。
　仕事をする場所に関しては，事務職は一般的にオフィスにおいて定点で仕事をする。対して営業職は「自席を温めること」が決して業績につながるわけではない。基本的には顧客先を回り，商品説明をし，仕事を行う。
　また，仕事の特徴の観点からすると，多くの事務職は，仕事の手続きがルーチン化・定型化している。対して営業職は，ルーチン化の程度は事務職から比べて低いと思われる。

　この2点から，事務職は，オフィスで様々な人から業務に関する様々な指摘を受けたりする傾向が強い。つまり，「業務支援」を受けやすい。一方で仕事が定型的であるため，「内省支援」をあまり受けないのではないか，と推測される。

　これに対して，営業職は業務のやり方に対して細々と指摘されることは少ない。その仕事は出先で行われるために，細々とした「業務支援」を受けるよりは，一定の仕事をやり終えたときに，その仕事のやり方を振り返る機会を持つ，つまり内省支援を受ける傾向があるのではないだろうか。

　国内電機メーカーに勤める営業職の男性は，下記のように述べている。

　「営業の仕事ってすぐに答えがでるじゃないですか。自分がやったな，という手応えとか……自分の成長の足跡みたいなものが，見えやすいんですよ……PDCA[5]［サイクルが］まわるの短いですから。だから，結構，ひとつの仕事終わったあとで考えさせられますよね……何が悪かったのか，次どうするのか，職場でも口にさせられるし。次，俺，どうしようかな，みたいな感じで」

　男性によると，営業職は「すぐに答えがでる」「見えやすい」「PDCA まわるの」が短い（速い）がゆえに，「ひとつの仕事が終わったあとで考えさせられる」機会が多いという。そして「何が悪かった」「次にどうするのか」という，改善点を職場内において話し合ったり，上司に報告する機会があるという。営業の仕事は多くの場合，顧客先には1人ないしは，2人ででかける。仕事をしている最中には，事細かな指示はできない。しかし，そうであるがゆえに，顧客先から帰ったあとで，考える機会がもうけられるということである。このようにひとつの仕事のサイクルが速く，かつ，そのたびごと

　5）　PDCA（サイクル）とは，もともとは生産管理や品質向上をめざす手法をさす言葉。Plan（従来の実績や将来の目標に従って計画をたてること），Do（計画どおりに実施すること），Check（実施結果を点検・評価すること），Act（うまくいかなかった部分を改善すること）のサイクルをまわすことが生産管理や品質向上につながる，とされている。それぞれの頭文字をとって，PDCA である。しかし，現在では，一般的なビジネスの分野において広く用いられている。効率的で効果的な仕事をなすためには，個人が自分の仕事を PDCA に基づいてなすことが求められている。

66

に仕事を説明し，振り返ることを求められる営業職では，受けられる「内省支援」が高くなるものと推察される。

　デュビンスキーら（Dubinsky et al. 1996）によると，営業職の特徴とは「職務が非定型であり，柔軟な対応が求められる」「直接管理されることが非常に少ないため，忍耐強さと自己管理能力が求められる」「その仕事は不確実性に満ちており，成果がでるまでには長期間の時間がかかる」などにあるという。仕事が非定型で，不確実性の高い仕事の現場において，「他者に直接管理」されるよりもむしろ「自己管理」を行わなければならないという意味において，営業職の人々にとって必要なのは，仕事を自ら問い直すことであり，客観的に振り返ることであることは，想像にかたくない。そのようなプロセスを通して，柔軟な対応を行わなければ，仕事を達成することができないからである。よって，営業職の人々にとって，「内省支援」は非常に重要な意味を持つものと推察される。

　ちなみに，ヒアリング調査においては，近年，営業職に導入されているセールスフォース・オートメーションに対して否定的な意見も聞かれた。

　セールスフォース・オートメーションとは，営業の生産性向上，効率化を進める IT 技術のことをさす。帰社後，営業社員が，日々の営業行動・営業業績をコンピュータにインプットする。それは，様々なかたちで可視化され，マネジャー，職場のメンバーも閲覧することができる。日々の活動が指標化されるので，マネジャーは営業部隊を効率的・効果的に管理することができる。一般の企業においてセールスフォース・オートメーションは，上司への口頭での報告を代行するかたちで用いられる傾向がある。

　ヒアリング調査では，セールスフォース・オートメーションの導入，すなわち，「報告の情報化」によって，職場内のコミュニケーションが減り，必要なフィードバックや「内省支援」が受けにくくなっている，という意見がいくつか聞かれた。

　製薬会社で人事を担当している男性マネジャーは下記のように語っている。

　「セールスフォース・オートメーションをいれると，確実にコミュニケーションが減ってきますね。営業先から帰ってきて，報告代わりに，

[情報をシステムに] インプットするのですが，それが大変。ウェブからできるといっても，大変。<u>それ以上に，今まで，フェイストゥフェイスでなされていた報告とか，フィードバックとかが減る</u>」

　男性マネジャーによると，セールスフォース・オートメーションを導入すると，そのインプット作業に時間がとられ，それまで上司・部下間でなされていたような「報告」や「フィードバック」が減る傾向にあるのだという。
　この会社において営業に従事し，セールスフォース・オートメーションを利用している男性社員は，下記のように語っている。

　「セールスフォース・オートメーションのことは1日30分くらいでしょうね。誰とあったとか，何回あったとかを指標として入れます。(中略)
　でも，[営業部員にとって] 重要なのは，<u>どういう内容をコミュニケートしたのか，ということであり，何を言っていたのか，ということです</u>。これらは，[セールスフォース・オートメーションの入力項目の] 特記事項というところに入れますが，<u>他の人に見られているかは，疑問ですね</u>。
　僕自身は，あまり感じないですが，[以前と比べて] <u>チーム間のコミュニケーションが減ったとはよくいわれますね。それまでは井戸端でやっていて，やいのやいのいっていたのが，今は，皆さん，忙しいですし，各自，セールスフォース・オートメーションで見られるでしょ，という感じで，[職場の人と] 話さなくなってしまうのです</u>」

　この男性社員の語りからは，「営業先で各営業マンが顧客とどのようなコミュニケーションをしたのか」という重要な情報が失われつつあることがわかる。かつては，「井戸端で，やいのやいの」やりとりしていた情報が，現在は，セールスフォース・オートメーションの「特記事項」という箇所に入力される。本来は「特記事項」を他のメンバーにも参照してほしいが，実際は，「入力する」ところまでで精一杯であり，他の人の「特記事項」まで参

照することは少なくなっているのではないか，という問題提起であった。

　また男性マネジャーの語りによると，「チーム間のコミュニケーションが減った」という認識が職場に広がっているのだという。「皆さん，忙しいですし，各自，セールスフォース・オートメーションで見られるでしょ，という感じで，［職場の人と］話さなくな」るという語りから，そのことがわかる。「あとは各自セールスフォース・オートメーションで見られるでしょ」という予定調和的な語りは，現在の職場で起こっている出来事を象徴的に表現している。

　もちろん，これだけのヒアリングデータをもって，セールスフォース・オートメーションが「内省支援」にもたらす影響やセールスフォース・オートメーション自体の効果をネガティブなものとして結論づけるわけにはいかない。

　しかし，この種の語りは，ヒアリング調査を行ったいくつかの会社においても，同様の指摘が得られた。業務の情報化と「内省支援」の関係については，今後，子細に検討していく必要がある。

　続いて，技術・SE 職についても考察する。調査結果によると，技術・SE 職に関しては，「内省支援」や「精神支援」が低い傾向にあることがわかった。

　これに関しては，技術・SE 職は，オフィスで仕事をするよりも，顧客先の出先で比較的長期間にわたって仕事をする人が少なからずいることを考慮に入れる必要がある。出先では，長期間にわたって，1 人ないしは非常に少ない人数で，仕事を行う場合が少なくない。そのような場合，他者から受けられる支援に関しては，限定的なものにとどまる可能性があるのではないかと推察される。

　IT 企業の戦略人事担当者は下記のように語っている。

　「エンジニアの方って明確に役割分担しているので，自分 1 人で仕事が完結するというところがありますね。誰ともしゃべらないで仕事をすることが多いかもしれませんね。だから，あんまり指摘を受けないのです。

　またうちのエンジニアには，職人的に自分で学ぶことをよしとする傾向がありますね。「技術的なことは，自分で学ぶから」みたいな感じで。だから，横のコミュニケーションが低くなりやすいですね」

　常日頃，顧客先のシステム部門で仕事をしている若手システムエンジニアの1人は下記のように語っている。

　「相手先で仕事するじゃないですか，みんな他人ですからね。自分1人で机に座って，モニタ見続けていることが多いので。下手すりゃ，誰とも話しません。孤独です。でも，相手先の人も忙しそうだし，あんまり話しかけるのもね」

　上記の語りからは，エンジニアの仕事が1）明確な役割分担のもとで行われるので，コミュニケーションが少なくなりやすいこと，2）仕事に必要なことは自分1人で学ぶ，という職人文化が存在していること，3）相手先で仕事をするエンジニアは，孤独になりがちであること，などがわかる。このような場合，「内省支援」や「精神支援」が少なくなることは，容易に推測できる。

　しかし，だからといって，もちろん，これらの語りだけから，技術・SE職の他者からの支援の少なさを結論することはできない。今後の研究のひとつの可能性は，技術・SE職の内部を下位分類し，分析を試みることにあると思われる。具体的には，どのような場所で仕事を行い，どのようなコミュニケーション頻度があるのかを詳細に見ていく必要があるだろう。

　以上，職種と支援の関係について見てきた。

　他者から受けられる支援は，職種によって異なることがわかる。経営上の示唆としては，自社において職場の支援関係を見直す際には，職種による違いを考慮して行われることが望ましいと思われる。

2.4 第2章で明らかになったこと：3つの支援

　本章においては，分析の結果，人は職場において，「業務支援」「内省支援」「精神支援」という3つの異なる支援を他者から受けていることが明らかになった。

　「業務支援」とは業務に関する助言・指導をさす。「内省支援」とは，折に触れ，客観的な意見を与えたり，振り返りをさせたりすることである。コルブ（Kolb 1984）に代表される経験学習の理論によれば，業務における経験は内省をともなってこそ，抽象化することができ，あるいはメタレベルの教訓を引き出すことができる。経験学習理論においては，そのプロセスを成人の学習ととらえている。その意味で，「内省支援」は非常に重要である。「精神支援」とは，折に触れ，精神的な安らぎを与えたりすることをいう。

　続いて，「誰から，どのような支援を受けているのか」について分析した。分析の結果，1）最大の「業務支援」を受けているのは上司からであり，その後は上位者・先輩，同僚・同期，部下であることがわかった。また，「業務支援」は特に事務職において高い数値を示すことがわかった。2）「内省支援」に関しては，上司，上位者・先輩，同僚・同期，部下など，職場の様々な人々から等しく受けていることがわかった。特に営業職において，この支援を受ける程度が高かった。3）「精神支援」は同僚・同期から最も受けていること，反面，上司からは「精神支援」を最も受けていないことがわかった。

　最後に，職種によって受けられる支援がどのように異なってくるかを考察した。分析の結果，1）事務職は，「業務支援」や「精神支援」を受けている代わりに「内省支援」を受けられてはいない，2）営業職は，「業務支援」を受けない代わりに「内省支援」を受ける傾向が高い，3）技術・SE職に関しては，「内省支援」や「精神支援」を受ける傾向が低い，ことなどがわかった。それぞれの理由を，ヒアリング調査のデータをもとに推測した。この批判の妥当性は今後の研究に委ねられている。

　続く第3章では，職場において人はどのような能力向上を果たすのかについて考察することにする。

第3章　職場における能力向上

知識は共有された目的に向かう協同的な努力を通して，あるいは個人の見解の相違がもたらす対話と挑戦によって，通常，社会的に構成されている。

（Pea, R.）

　第2章において，筆者は，「人は職場において，誰からどのような支援を受けているのか」について論じた。続く本章では，「職場において，人は，どのような能力を向上させるのか」について考察する。序章の「主要な概念定義」で既述したように，具体的には「能力向上の実感」をビジネスパーソンに問うことで，この問題にアプローチする。

　今までかかっていた時間の半分で仕事をこなせるようになったとき，難しい仕事をこなしたとき，ゼロから何かを立ち上げたとき——私たちは仕事を通じて，能力向上を果たす。本章では，このような自己の能力向上の構造をさぐる。

3.1　能力向上の構造

　職場において人は，どのような能力向上を果たすのか——この問いについて，本節では考察する[1]。

---

[1]　本章で用いている各能力向上尺度に関しては，松尾睦と株式会社ダイヤモンド社で行った「成長経験」に関する共同研究の「概念」，および，「尺度作成プロセス」に準じて，富士ゼロックス総合教育研究所，松尾睦，筆者の3者で質問項目・尺度を設計したものである。

1) 業務能力向上

　　①業務を工夫してより効果的に進められるようになった

　　②仕事の進め方のコツをつかんだ

　　③苦手だった業務を円滑に進められるようになった

　　④より専門性の高い仕事ができるようになった

　　⑤自分の判断で業務を遂行できるようになった

2) 他部門理解向上

　　⑥他者や他部門の立場を考えるようになった

　　⑦他者や他部門の業務内容を尊重するようになった

　　⑧他者や他部門の意見を受け入れるようになった

3) 他部門調整能力向上

　　⑨複数の部門と調整しながら仕事を進められるようになった

　　⑩初めて組む相手ともうまく仕事を進められるようになった

4) 視野拡大

　　⑪より大きな視点から状況を捉えるようになった

　　⑫多様な観点から考えるようになった

5) 自己理解促進

　　⑬自分のマイナス面を素直に受け入れることができるようになった

　　⑭以前の自分を冷静に振り返られるようになった

6) タフネス向上

　　⑮精神的なストレスに強くなった

　　⑯精神的に打たれ強くなった

　　⑰我慢することを覚えた

　以下，左頁のそれぞれの尺度について，適宜ヒアリング調査のデータを引用しながら，概念の概要と具体的イメージを詳説する。

3.1.1　業務能力向上

　まず，「業務能力向上」とは，仕事をしていく上で必要な一般的なコツ，ノウハウをつかみ，自己の判断で業務遂行が可能になっているかどうかを測定する尺度である。

　この尺度に関して具体的なイメージを持ってもらうために，国内電機メーカー・入社2年目で海外営業を行っている男性の語りを，下記のように引用しよう。男性は，入社1年時を思い出して，どのように自分が熟達していったのかを振り返っている。

> 「[職場に入って1年くらいは] 日本人の先輩や，上司から何を期待されているのか，何を求められているのか，さっぱりわかりませんでした。もちろん，海外からの人が何を求めているのかは，当然わかりません。でも，[外国語だけでなく] 日本語でさえもわからないのです。
> 　毎週転び続けました。（中略）[海外との交渉の際] プライスをつけるのを間違ったり。そのうち [1年くらいすると]，ノウハウやコツみたいものがわかってきた。あーやれば，こうやる，みたいな。そうすると，自分である程度は判断できるようになっていく」

　ここで男性が語っている熟達が，「業務能力向上」に近い。一般に，入社1年目ないしは2年目の若手社員は，組織社会化のまっただ中にある。若手社員にとっては，ここでの業務内容もさることながら，「日本人の先輩や，上司から何を期待されているのか，何を求められているのか，さっぱりわか」らないことが多い。周囲の期待や自らの役割が理解できるようになるのは，しばらく時間がかかる。それまでは，この男性社員のように，「毎週転び」ながら，試行錯誤を繰り返すことになる。そのプロセスのあいだにノウハウやコツをつかみ，「自分である程度は判断できる」ようになっていくものと思われる。

　もちろん，「業務能力向上」を実感するタイミングは，入社1年目ないしは2年目の若手社員の組織社会化のプロセスだけにおいてあらわれるわけではない。

　仕事を始めて数年たったあとでも，新規の業務やプロジェクト，ルーチン化されていない仕事に遭遇したときには，当初は混乱と葛藤を深めつつ，次第に「業務能力向上」を実感するようになるだろう。しかし，一般に，その振幅は，1年目から3年目あたりまでの若手社員が組織社会化プロセス時に経験したときの「実感の振幅」に比べて小さいことが予想される。これに関しては，3.2節で詳説する。

3.1.2　他部門理解向上

　次の「他部門理解向上」は，他部門の立場や業務を理解し，相手の意見を尊重しながら仕事をすることができることを測定する因子である。

　「他部門理解向上」の因子の具体的イメージとしては，国内自動車メーカーに勤める技術職の男性の語りが参考になるだろう。

> 「<u>自分の仕事は部材を開発する</u>ことだと思っていました。だから，それ以外の仕事や部門に関しては，興味がなかった。（中略）でも，だんだん仕事ができるようになって，考えが変わるんです。<u>自分がつくっているのは自動車</u>です。自動車をつくるためには，自分の部品がはまる場所，それが動く場所をつくっている人たちの仕事が必要なんですね。<u>だんだん，自分の仕事の関係者が増えていった</u>」

　ここで男性社員が述べている「自分の仕事の関係者が増えていった」という語りは，「他部門理解向上」の概念で指し示す内容に近いと思われる。

　通常，人は仕事に従事すると，ある特定のタスク・技能に熟達する。特定タスク・技能といっても，その熟達には，長期間にわたる集中した反復練習と，他者からのフィードバックを必要とする（Ericsson, Krampe & Tesch-Romer 1993）。そして特定のタスクに熟達化したあとは，その次の発達課題として自分の仕事につながる様々な関係者（ステークホルダー）の立場や業務

内容を理解するようになっていくものと思われる。この男性社員も，当初は，自分の仕事は「［自動車の］部材を開発すること」だと思っていた。しかし，次第に「自分がつくっているのは自動車である」という認識に至り，自分の仕事に関係する様々な仕事を意識するようになっている。

　現在の企業が製造するプロダクトの多くは，その製造過程に多くの人々が関与する。この意味で，それぞれの仕事には前工程と後工程が存在している。一定の業務遂行能力を獲得したあとは，自分の仕事の前工程，後工程について配慮や理解ができるようになることが求められる。そして，そこで培われた他部門理解をベースにして，発達するのが，「他部門調整能力向上」であろう。

3.1.3　他部門調整能力向上

　「他部門調整能力向上」とは，複数の多様な部署の他者と調整しながら仕事を進めることができるかを測定する因子である。

　この因子の具体的イメージについては，製薬企業に勤める男性マネジャーが下記のような語りを残している。男性マネジャーは，MR として現場の支社で営業を 14 年間勤めたあと，本社に異動し，戦略の立案や人材開発を担当したキャリアを持っている。

> 　「営業にいた頃は，与えられているテリトリの中で仕事をすればいいのです。営業の頃は，何か問題があっても，打ち手［打ち手とは，この場合「対処方法」と同義］はこれ，ってある程度決まっていますし，自分でさっさと決めてやっちゃえばいい。もちろん，自分の仕事をしていく上で，あそこはあーで，こっちはこー，というような他人の仕事はわかります。（中略）
> 　僕は，その後，本社にうつったのですが，本社ではそうはいかない。本社っていうのは，あっちがたつと，こっちがたたない。他部門がすべてトレードオフの関係にあることに気づきます。打ち手はこれ，だったのが，打ち手そのものが複雑化して，さらに多様化して，何を選択したらいいのかわからない。（中略）

　結局は，いろんな部門間を歩いてまわって利害を見出して，これでど
うでしょ，という感じで落としどころを決めるしかないのです」

　この男性マネジャーの語りからは，彼が営業に 14 年間勤めた当時，他部
門理解はある程度進んでいたこと，しかし，その後本社に異動してはじめて
「他部門調整能力向上」を獲得したことがわかる。
　彼が長く勤めた営業の領域においては，ある問題が起こった場合，それへ
の対処方法がある程度決まっている，という。このことを，彼は「打ち手は
これ」と表現している。しかし，本社では，部門間の利害がトレードオフの
関係にあり，打ち手そのものが複雑化，多様化してくると述べている。
　仕事を円滑に処理していくためには，どうしても，他部門間の情報を収集
し，その利害を見いだす必要があり，その上で，「落としどころ」を決める
必要がある。これが，本書でいうところのいわゆる「他部門調整能力向上」
に近い。この男性マネジャーの場合，「他部門調整能力向上」とは，14 年目
以降におとずれたと推測される。

3.1.4　視野拡大

　次に「視野拡大」について述べる。「視野拡大」は，自分の仕事をより大
きな立場や多様な観点から見つめることができるかどうかを測定する因子で
ある。
　ある領域に熟達すると，人は，それまでより少ない注意資源で，直感的に
物事を遂行できるようになる（Lesgold et al. 1988）。判断の自動化が始まるが，
一方で，その他のことが見えなくなる，いわゆる「視野狭窄」につながる可能
性もないわけではない。そこで必要になるのがこの能力であると推測される。
後述するが，「視野拡大」は，一定の業務能力を向上させたあとに発達する。
　「視野拡大」の具体的イメージとして，現在 IT 企業に勤める 47 歳の人事
マネジャーの男性は，自らの「視野拡大」のきっかけを子会社への出向など
に求めている。男性マネジャーによれば，自分にとっては子会社への出向が
「視野拡大」のきっかけであったという。

「だいたい大きな企業だと，30歳台中盤から40くらいですかね，子会社の役員とか，出向とかすると思うんです。それがなくても，全くお畑違い［この場合は，それまで仕事をしていた分野と全く異なる分野のこと］の部門に飛ばされるとか……なぜかこの時期に。（中略）

　そうしたら，全く新しい文化，違うタイプの人に出会いますよね。もう，年上の部下とか，うじゃうじゃいるんです。これは勉強になりましたね。自分の生きていた世界は，なんて狭かったのかと。いろんな人から，いろんな角度から，フィードバックをもらって。自分は何も見ていなかったし，知らなかったんだと［気づきました］」

　ここで男性が語っているのは，自らが子会社に出向したときに，全く新しい文化，違うタイプの人に出会い，それによって，「自分の生きていた世界は，なんて狭かった」のだという認識を深めたということである。「いろんな人」からの「いろんな角度」からの「フィードバック」は，彼に「何も見ていなかった，何も知らなかった」という認識を持たせるに至った。全く新しい部門への「異動」が人間の成長に大きな影響を与えることは，すでに先行研究においても指摘されている（McCall 1988a, 1998b, 金井 2002）。

　一方，異動などの特定イベントを経験しない場合にも「視野拡大」を経験することはある。ここでは，間接部門で働く成人にとっての「視野拡大」を取り上げる。それは，どのように経験されるのだろうか。

　下記は，人事部で働く女性社員の語りである。女性社員は，既述した男性社員のように「異動」などは経験していないが，自分の職域の拡大とともに，自分の仕事に対する視座が変わっている。

「自分の仕事は，ずっと事務だと思っていました。大量の書類をさばくことがまずは求められます。現場からは遠い場所なんだな，と。次第に，制度づくりにちょっとかかわらせてもらったこともありますが，それでも，現場からは遠い感覚ですね。でも，制度とか運用してみて，だんだんとわかってきたのは，自分の仕事は社内サービスなんだ，ということです。自分がやっているのは，書類を通すこともそうなんですけど，そ

れだけじゃなくて，<u>社内の人たちがお客さんなんだ，と</u>。そうすると，<u>仕事が増えていきましたけど，自分の仕事につながる人とか，ものがいろいろ見えてきて</u>」

　ここで女性社員が述べているのは，自分の仕事に対する視座の転換である。当初，この女性社員は自分の仕事を「事務」だと思って，「大量の書類をさばくこと」に奔走していた。しかし，制度づくりにかかわるようになり，それを運用する立場になってはじめて，自分の仕事の成果である制度に関係する様々な人々が現場にいることに気がつく。かくして，自分の仕事は「社内サービス」であり，「社内の人たちがお客さんなんだ」という意味付けを行うに至った。「制度運用」という職域の拡大とともに，当初の仕事観に変化が生まれた結果だと推測される。

　以上，「視野拡大」の具体的イメージを把握するため，2人の語りを引用した。その語りからは，様々な他者との出会いやフィードバック，新たな仕事への取り組みを「きっかけ」として，「視野拡大」に至る様子が見て取れた。なお，この2つの事例は，いずれも，仕事や職場内の出来事をきっかけとした「視野拡大」であったが，「視野拡大」をもたらすものは，社内，職場外だけに存在しているわけではない。社外の人々との出会いも，「視野拡大」に貢献する。このことについては，第6章において検討する。

3.1.5　自己理解促進

　次に，「自己理解促進」とは，自分自身あるいは自分の仕事を対象として冷静に振り返り，理解を深めることができるかどうか，に関する因子である。既述したように，「職業に関する自分自身とその環境についての，その人なりの解釈，意味付け」，すなわち職業的自己概念（Super 1963）は常に更新され，変化していく。自己に対するイメージや解釈も例外ではない。

　「自己理解促進」の具体的イメージを考えるにあたっては，次のような，国内電気メーカーで研究開発の業務に携わっている男性技術職社員の語りが参考になる。男性社員は，人事が主催する研修を通して，「自分の本当にやりたいこと」を発見した。

「人事がやっている研修で，"自分の 10 年後を考える"みたいな研修があって。毎週金曜日午後，社内のトップと社外の有名な方々を招いて行われるんですけれども。この研修をきっかけに，私は，"社会"を意識するようになりました。自分のやりたいこともわかった。（中略）

それまでの私は技術のことしか頭になかった。上からおりてくるテーマの中から，自分にあうものを選択して。現場にいたら，何にも考えられない。そこら中で火事になって，必死で火を消している感じ。一度ひいて全体を考える機会なんてない。（中略）

でも，社会ニーズから技術を考えるという視点をはじめてもらった。まずは社会がどのように動いているのか。そして，人々は何を求めているのか。そして，マーケティングはどのようにあるべきなのか。誰と組んで技術を広めていくべきなのか。

僕は，結局，純粋に技術がやりたいんじゃないんだって。そうじゃなくて，社会に役立つことがしたいのだって。自分探し，遅いかもしれないんですけれど。僕はここからスタートしたと思う」

ここで男性が語っているのは，かつての自分が「技術のことしか頭になかった」ことを振り返り，研修をきっかけに，「社会ニーズから技術を考える」ことに気づいたプロセスについてである。彼は，研修をきっかけとして，「技術」には「社会からのニーズ」や，「人々の求めているもの」「マーケティング」といったような様々な物事が絡み合って展開するのだという認識を持つに至った。最後には自分がやりたかったことは「純粋の技術」ではなく，「社会に役立つこと」であると語っている。「自分探し，遅いかもしれないんですけど」といった語りや，「僕はここからスタートした」という語りからは，男性が「自己理解」を深めた様子が見て取れる。

3.1.6 タフネス向上

最後に「タフネス向上」とは，仕事をしていく上で生じる様々なストレスや葛藤をいかに対処（コーピング）していくことができるか，を測定する因

子である。

　「タフネス向上」に関しては，製薬企業で MR として働く男性社員が，下記のような語りを残している。男性社員は，当初の自分が，医者へのアプローチがうまくできなかったことを振り返って，自分が，どのようにタフさを獲得していったのかを，下記のように語っている。

　　　「［医者への営業活動をしていて］何がつらいかというと，反応が返ってこないことですね。先生ちょっといいですか，と言うと，忙しいって言われる。そういうのが続くと，最初のうちは，へこみますね。自分の中にたまったものは，たまったままになってしまう。いろいろ，［上司とか同僚に］励ましてもらうんですけどね。でも，なんか響かない。自分の仕事の意味って何なんだろう，とか，自分の存在意義って何なんだろう，と思うようになるんです。へこんでますね。でも，次第に気分の持ち方をかえられるようになる。自分の仕事は，10 やったら，6 か 7 は失敗する。3 とか 4 だけでも，前に進めれば，いいじゃないか。へこんでも，次に生み出せる何かに期待しようじゃないか，と」

　ここで男性社員が述べているのは，「へこんだとき＝ストレスを感じたとき」の彼なりの対処法である。男性社員は当初，医者とのコミュニケーションにおいて「たまったもの」を「たまったまま」にしていた。心理的負荷は増し，次第に「自分の存在意義」を疑い始めることになってしまう。しかし，そうしたプロセスの中で，男性社員は，次第に，自分の日々の仕事の意味付けを変化させていく。

　「自分の仕事は，10 やったら，6 か 7 は失敗する。3 とか 4 だけでも，前に進めれば，いいじゃないか」という男性社員の語りからは，彼自身のストレスに対する対処戦略が見て取れる。「タフネス向上」は，このような，現場における対処戦略の獲得とともに進行する。

　平成 19（2007）年『国民生活白書』によると，一般的には，5 年前と比べて仕事の責任や負担が増加した，あるいは，どちらかといえば増加したと答える回答者は，67.2％ に達している（図1）。

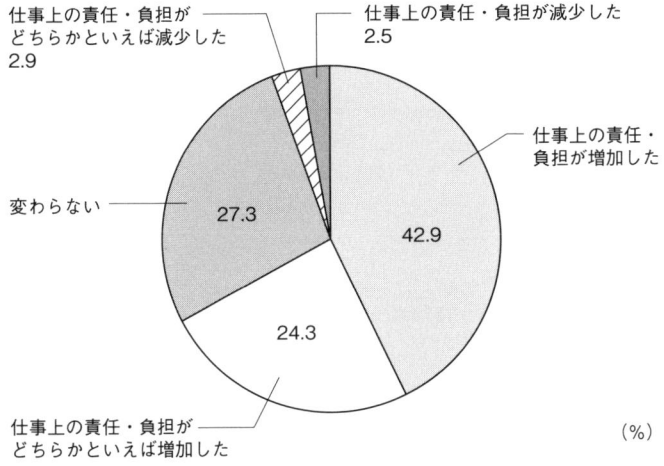

図 1　仕事上の責任の増減 （内閣府 2007）

（備考） 1. 内閣府「国民生活選好度調査」（2007 年）により作成。
　　　　 2. 「5 年前に比べて，あなたの仕事上の責任や負担はどのように変化しま
　　　　　　したか。（○は 1 つ）」と尋ねた問 11 に対し，回答した人の割合。
　　　　 3. 回答者は全国の 15 歳以上 80 歳未満の男女のうち，正社員 916 人（「5
　　　　　　年前は働いていない」，「無回答」を除く）。

　仕事の責任や負担が増せば，必ずしもストレスや葛藤が増えるわけではな
いが，もし，それが生じた場合，それを解消するストラテジーや，タフネ
ス・打たれ強さをいかに身につけるかは，現代の企業に働く私たちにとって
重要な課題であると言わざるをえない。

3.1.7　各能力の記述統計量と合成尺度「能力向上」の作成

　さて，以上 6 次元の能力向上指標に対して，ヒアリング調査から得られ
たデータを引用しながら，その具体的イメージを述べた。本書の調査では，
この 6 次元について回答者に 5 件のリッカート尺度で最も当てはまるもの
を回答してもらっている。5 件は「よくあてはまる」「あてはまる」「どちら
ともいえない」「あてはまらない」「まったくあてはまらない」の 5 つであ
った。「よくあてはまる」に 5 点，「あてはまる」に 4 点，「どちらともいえ
ない」に 3 点，「あてはまらない」に 2 点，「まったくあてはまらない」に 1
点を与えた。

　各質問項目の記述統計量は次頁表 1 のとおりである。平均値，および標

表1　各質問項目の記述統計量

	平均値	標準偏差
【業務能力向上】		
①業務を工夫してより効果的に進められるようになった	3.64	0.78
②仕事の進め方のコツをつかんだ	3.59	0.78
③苦手だった業務を円滑に進められるようになった	3.37	0.76
④より専門性の高い仕事ができるようになった	3.53	0.85
⑤自分の判断で業務を遂行できるようになった	3.79	0.76
【他部門理解向上】		
⑥他者や他部門の立場を考えるようになった	3.76	0.72
⑦他者や他部門の業務内容を尊重するようになった	3.64	0.75
⑧他者や他部門の意見を受け入れるようになった	3.70	0.70
【他部門調整能力向上】		
⑨複数の部門と調整しながら仕事を進められるようになった	3.56	0.78
⑩初めて組む相手ともうまく仕事を進められるようになった	3.46	0.75
【視野拡大】		
⑪より大きな視点から状況を捉えるようになった	3.66	0.76
⑫多様な観点から考えるようになった	3.69	0.73
【自己理解促進】		
⑬自分のマイナス面を素直に受け入れることができるようになった	3.53	0.80
⑭以前の自分を冷静に振り返られるようになった	3.54	0.80
【タフネス向上】		
⑮精神的なストレスに強くなった	3.29	0.94
⑯精神的に打たれ強くなった	3.39	0.93
⑰我慢することを覚えた	3.47	0.87

準偏差を概観したところ，大きな偏りは生じていない。

　その上で，6つの因子の下位尺度に相当する項目を単純加算し，それを項目数で割ることで因子ごとの平均値を算出した。内的整合性を検討するためα係数を計算した。結果は表2のようになった。

　これらの因子に対して，確認的因子分析を行った。6つの因子からそれぞれ該当する項目が影響を受け，すべての因子間に共分散を仮定したモデルで分析を行ったところ，適合度指標はGFI＝0.962，AGFI＝0.944，RMSEA＝0.051，AIC＝822.414であった。6つの因子間の相関は高く，有意であった。最終的なモデルの分析結果は図2のようになった。

　次に，仕事現場における能力向上を総合的に把握するための尺度をつくるため，17項目の質問項目を対象として主成分分析を行った。固有値1以上の基準で，ひとつの主成分が検出された。この主成分は37.98%の分散を説明することができた。84頁表3に第1主成分への主成分負荷量を示す。

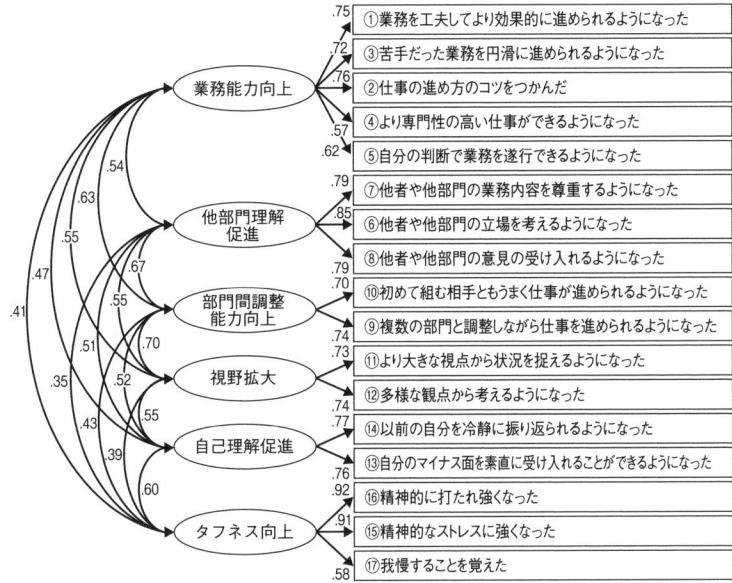

図2　確認的因子分析のモデル図

※誤差については省略

表2　各因子の平均値とα係数

	最小値	最大値	平均値	標準偏差	α係数
業務能力向上	1	5	3.58	0.60	0.81
他部門理解促進	1	5	3.71	0.64	0.85
他部門調整能力向上	1	5	3.51	0.67	0.68
視野拡大	1	5	3.68	0.69	0.83
自己理解促進	1	5	3.54	0.72	0.73
タフネス向上	1	5	3.38	0.80	0.84

　主成分の主成分得点を回帰法により算出した。標準化済みのこの得点を
「能力向上」とよぶこととし，仕事を通じた「能力向上」を測定する指標と
して，3.3節，第4章において用いるものとする。

　6つの能力向上尺度と「能力向上」の相関係数は次頁表4のようになった。
すべての項目間において統計的有意な相関が認められた。

表3　主成分分析の結果と主成分負荷量

項目	第一主成分	共通性
①業務を工夫してより効果的に進められるようになった	0.613	0.376
③苦手だった業務を円滑に進められるようになった	0.620	0.385
②仕事の進め方のコツをつかんだ	0.631	0.398
④より専門性の高い仕事ができるようになった	0.530	0.281
⑤自分の判断で業務を遂行できるようになった	0.604	0.364
⑦他者や他部門の業務内容を尊重するようになった	0.655	0.429
⑥他者や他部門の立場を考えるようになった	0.664	0.441
⑧他者や他部門の意見を受け入れるようになった	0.657	0.432
⑩初めて組む相手ともうまく仕事を進められるようになった	0.620	0.384
⑨複数の部門と調整しながら仕事を進められるようになった	0.635	0.403
⑪より大きな視点から状況を捉えるようになった	0.655	0.429
⑫多様な観点から考えるようになった	0.669	0.448
⑭以前の自分を冷静に振り返られるようになった	0.603	0.364
⑬自分のマイナス面を素直に受け入れることができるようになった	0.579	0.336
⑯精神的に打たれ強くなった	0.616	0.379
⑮精神的なストレスに強くなった	0.594	0.352
⑰我慢することを覚えた	0.507	0.257
固有値	6.457	
寄与率	37.982	

表4　各能力と能力向上の相関係数

	業務能力向上	他部門理解向上	他部門調整能力向上	視野拡大	自己理解促進	タフネス向上
能力向上	0.79***	0.75***	0.72***	0.71***	0.66***	0.65***

***p<.001

3.2　能力向上の実態：職種による違い

　次に，職種の違いによる能力向上の差を調べる。職種を独立変数として設定し，各能力を従属変数と設定した分散分析を実施した。職種のカテゴリーは「事務職」「企画職」「研究開発職」「技術・SE職」「営業職」「サービス職」の6カテゴリーである。分散分析の結果は表5のようになった。

　業務能力向上は，群間に統計的有意な差はなかった（$F_{(6, 2282)}=1.68$ n.s.）。平均値は図3のようなグラフになった。企画職が高い業務能力向上を示し，研究開発職や技術・SE職は低い傾向がある。しかし，群間に統計的有意な差はない。

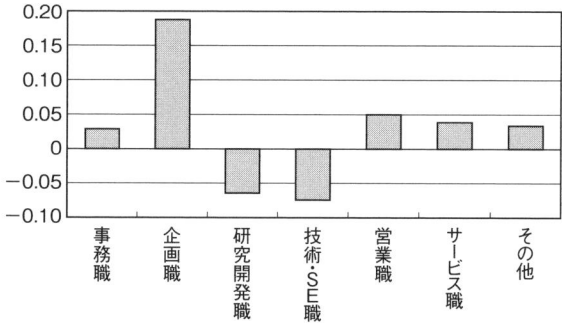

図 3　職種による業務能力向上ポイントの違い

表 5　職種による差：分散分析の結果

要因	SS	df	MS	F	p
「業務能力向上」	3.59	6	0.60	1.68	0.122
誤差	812.28	2282	0.36		
全体	815.87	2288			
「他部門理解向上」	10.38	6	1.73	4.27	0.000
誤差	925.54	2284	0.41		
全体	935.92	2290			
「他部門調整能力向上」	15.99	6	2.67	6.06	0.000
誤差	997.26	2268	0.44		
全体	1013.25	2274			
「視野拡大」	19.98	6	3.33	7.01	0.000
誤差	1085.94	2287	0.47		
全体	1105.92	2293			
「自己理解促進」	27.82	6	4.64	9.22	0.000
誤差	1147.59	2282	0.50		
全体	1175.42	2288			
「タフネス向上」	25.93	6	4.32	6.89	0.000
誤差	1430.33	2281	0.63		
全体	1456.25	2287			
「能力向上」	47.32	6	7.89	8.03	0.000
誤差	2205.68	2247	0.98		
全体	2253.00	2253			

　その他の各能力，また，総合指標である「能力向上」には 1％ 水準の統計的有意な差があった。Tukey 法を用いて多重比較を行った。多重比較の結果，および，平均値をグラフ化したものを次頁図 4 に詳説する。

　まず，総合指標である「能力向上」は，研究開発職・技術 SE 職が低く，

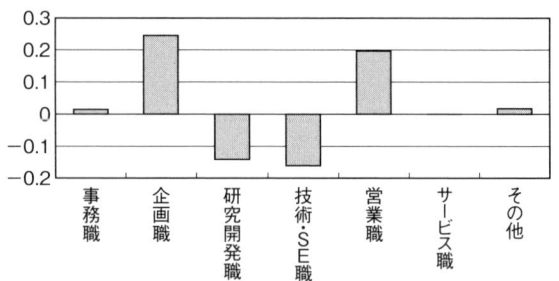

図4　職種による能力向上ポイントの違い

企画職・営業職が高い傾向が見られた。

　多重比較の結果は，「事務職＜営業職（p<.01）」「企画職＞研究開発職
（p<.05）」「企画職技術・SE 職（p<.01）」「営業職＞研究開発職（p<.05）」
「営業職＞企画職技術・SE 職（p<.01）」という結果であった。

　他の各能力向上指標に関しては，88-89 頁の図 5 から図 9 に示すとおりで
ある。グラフは能力向上と同様に M 字型の形状――すなわち，企画職・営
業職が高く，研究開発職・技術 SE 職が低いといったパターンを示し，「能
力向上」と同じ群間に統計的有意な差が見られた。

　上記の結果から考察するに，「能力向上」は，1）研究開発職と技術・SE
職において低くなる傾向があること，2）企画職・営業職に高い傾向がある
こと，3）事務職・サービス職は中位であることがわかる。

　こうした傾向があらわれる理由として考えられるのは営業に関して言えば，
第 2 章で詳説したように，営業の仕事が，1）結果が見えやすく，即時にフ
ィードバックされやすい，よって，2）PDCA サイクルがまわりやすいなど
の特質が影響を与えていると考えられる。また企画職も，それに近いのかも
しれない。

　それに対して研究開発職や技術・SE 職は，結果や成果が見えにくく，そ
れが顕在化するまで長い時間がかかり，なかなか能力向上を実感できない，
などの要因が考えられる。

　これに関して，人事担当で自社の各部門を調整しているある中堅女性社員
は，営業・企画，事務，研究開発職や技術・SE 職の，それぞれの違いにつ
いて，次のように語っている。

　「営業や企画は，かかわる案件が短いですし，そもそも仕事自体が非定型です。あと，人に出会う機会，人に何か言われたりする機会が多いですからね。その中で成長する人も多いですよね。だから，うちの会社では，営業とか企画にあえて新人をだしますね。新人が育つスピードも幅も，その方がいいから。（中略）

　それに対して，自分が事務にいたときもそうでしたけど，定型なんで，フロントじゃないんで，あまり人に出会わないですよね。仕事が定型というのが，なかなか実感がわかないところです。（中略）

　うちの会社の研究開発をみていると思うんですが，そこはそこで独特の世界で，もう完成しちゃってるというか，［すでに］技術とか身につけて，「型」ができている感じがしますよね」

　この女性の語りからは，1）非定型な仕事を様々な異質な人々との出会いや話し合いの中で実行する営業職や企画職の成長のスピードが他の職種に比べて速い可能性があることが，人事担当者の実感として述べられている。一方で，研究開発職などは，「もう完成しちゃっている」すでに「「型」ができている」としている。この語りを参考にするならば，「研究開発職」は，すでに「型」ができているので，日々の仕事を通して能力向上を実感しにくいという仮説も浮かび上がってくる。

　一方，技術・SE職の「能力向上」が低いことに関しては，中堅IT企業で戦略人事を担当する男性リーダーの次のような語りもある。

　「僕は，エンジニアには2種類いると思っていて。プログラムをやるエンジニアと，ネットワークまわりのエンジニア。システムの保守運用をやるのはネットワーク系のエンジニアですけど。（中略）

　保守運用の仕事って，本当は，彼らは，「予防保守」がやりたいと思っているんですよ。つまり，何かが起こる前に，プロアクティブに問題を予防するようなことですね。要するに主体的に［何かを］やりたい。（中略）

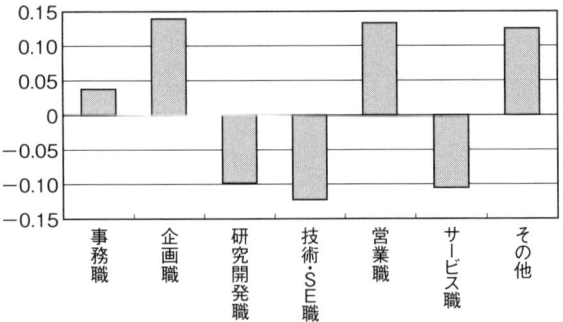

図5　職種による他部門理解向上ポイントの違い

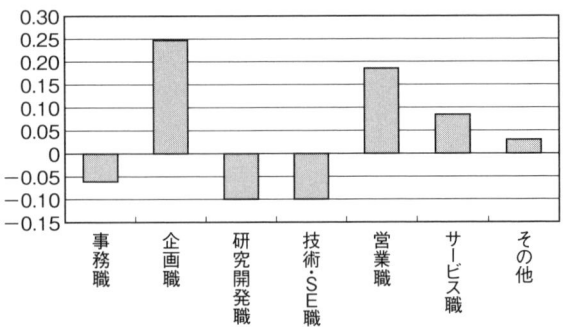

図6　職種による他部門調整能力向上ポイントの差

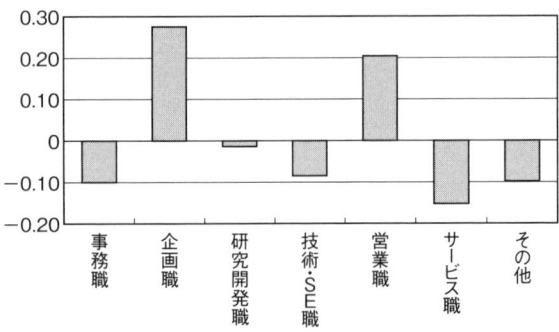

図7　職種による視野拡大ポイントの差

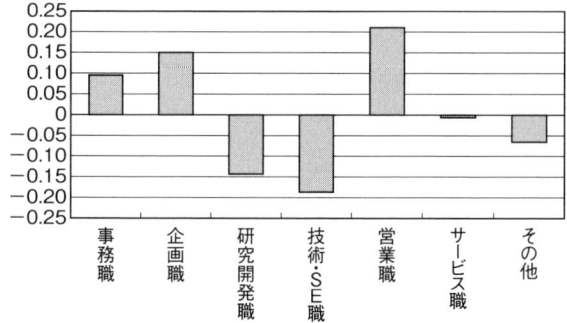

図8　職種による自己理解促進ポイントの向上

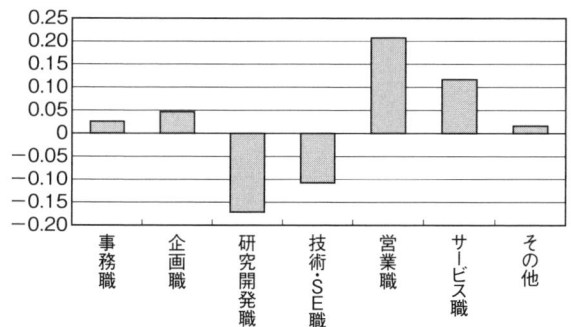

図9　職種によるタフネス向上ポイントの向上

　でも，実際は，何かが起こってから，いつも火事場になって，受け身に問題を対処する。で，朝になって，なんか知らないけれど，なおった，でも，いいや，もう寝よう，みたいな感じになることがありますね。

　あと，ネガティブなフィードバックが多いんです。動いていて当たり前。"最近ずっと動いているね，ありがとう"とか言われるわけがない。"今日も本当にいい調子だね"なんて言われない。

　そんな感じで，働きがいとか，モティベーションとか，成長の実感とか低くなりがちですね」

　この語りでは，「ネットワーク系のエンジニア」の職業実態が語られているが，今回の調査で取り扱った技術・SE職は必ずしも，上記で指摘されている「ネットワーク系のエンジニア」に限定されるわけではない。しかし，

調査対象企業の事業ドメインを参照してみると，その数は，決して少なくない。

　彼らが，日々「火事場」のような現場で，場当たり的な問題解決に追われ，かつ，他者からは「ネガティブなフィードバック」しか得られないのだとすれば，働きがい，モティベーション，そして能力向上を実感しにくいことは，容易に想像できる。

　マネジリアルなサジェスチョンとしては，研究開発職や技術・SE 職の人々に対して，自分の仕事を内省してもらったり，能力向上を実感できるような仕事の割り振り，ジョブローテーション（Job rotation）が試みられるべきであると考えられる。

3.3　第3章で明らかになったこと：職場における能力向上

　本章では，職場における能力向上の諸次元について分析を行った。

　まず，「業務を工夫してより効果的に進められるようになった」「自分の判断で業務を遂行できるようになった」などの質問項目からなる「業務能力向上」，「他者や他部門の立場を考えるようになった」「他者や他部門の意見を受け入れるようになった」などの「他部門理解向上」，「複数の部門と調整しながら仕事を進められるようになった」などからなる「他部門調整能力向上」，「より大きな視点から状況を捉えるようになった」「多様な観点から考えるようになった」からなる「視野拡大」，「以前の自分を冷静に振り返られるようになった」などの「自己理解促進」，そして，「精神的なストレスに強くなった」などからなる「タフネス向上」などの6次元の能力構造をフレームワークとして，データの検証を行った。次に，これらの次元を構成する17の質問項目を主成分分析した「能力向上」尺度を作成した。

　職種による能力向上の違いについては，営業職・企画職が高く，研究開発職・技術 SE 職が低いことがわかった。こうした違いが起こる原因を，ヒアリング調査の結果から推測した。

　続く第4章では，第2章で明らかになった3次元の支援と，第3章で明らかになった「能力向上」を，それぞれ独立変数，従属変数として設定して，

その関係を調べる。つまり，「誰からどういう支援を受けた人が，どの程度
能力向上をしているのか」について考察するものとする。

第4章　誰からのどのような支援が　能力向上に資するのか？

人間は，優れた仕事をするためには，自分一人でやるよりも，他人の助けを借りるほうが良いものだと悟ったとき，その人は偉大なる成長を遂げる。

（Carnegie, A.）

　第2章では，「人は職場において，誰から，どのような支援を受けているのか」について考察してきた。職場において人は，「業務支援」「内省支援」「精神支援」という3つの異なるタイプの支援を受けていることがわかった。続く第3章では，「職場において，人は，どのような能力を向上させるのか」について論じてきた。「業務能力向上」「他部門理解向上」「他部門調整能力向上」「視野拡大」「自己理解促進」「タフネス向上」の6次元を設定した。また，これらを総合する指標として「能力向上」という指標を作成した。

　本章では，これまでの第2章と第3章で明らかになった内容の「関係」を分析する。つまり，「誰のどのような支援が，個人の能力向上に寄与するのか」について分析を試みる。その後，個人の能力向上に寄与する支援と関係がある職場の学習風土についても分析を試みる。

4.1　分析の前に

　本章における分析は2つにわかれる。

　第1の分析（以下：分析1）は，人が職場の他者から受ける各支援と能力向上の関係を，ロバスト標準誤差を用いた重回帰分析によって分析する。

　第2の分析（以下：分析2）である各支援と職場の学習風土の分析において
は組織レベルに集計したデータでの分析を行う。

　分析1に関して本書で扱うデータは，複数存在している「組織」それぞ
れに複数の「個人」が内包されている，いわゆる階層データである。よって，
業務遂行能力に関する影響を予測するモデルを検証するにあたっては，これ
に配慮する分析手法を用いる必要がある[1]。

　北村（2010）によれば，こうした階層データの分析手法としては，1）組
織レベルに集計したデータによる分析，2）ロバスト標準誤差つきの回帰分
析を用いる場合，3）階層線形モデルを用いる場合，4）階層型の共分散構
造分析を用いる場合などがある。

　このうち，1）に関しては組織要因間の関係を分析する手法として，従来
から試みられている方法である。組織レベルで集計を行うために個人のデー
タを捨象してしまうというデメリットは存在するものの，海外ジャーナル等
においては，最も標準的な分析手法として用いられている。

　2）のロバスト標準誤差を用いた回帰分析とは，標本が入れ子状になって
いる場合に，回帰分析における偏回帰係数の推定値の標準誤差が正しく推定
されない問題を考慮した標準誤差を用いた重回帰分析であり，人文社会科学
の研究においてすでに利用されている（村上・石黒 2005, 小林・池田 2007）。
分析1においてはロバスト標準誤差を用いた重回帰分析，分析2において
は，組織レベルに集計したデータを用いた分析を行う。

　ちなみに3）階層線形モデルも同様に，下位階層の標本（本書でいえば個人
のデータ）が，上位階層（本書でいえば会社）によってグルーピングされてい
て，入れ子状になっているデータの分析を行う際に利用される。組織研究に
おいて通常得られるデータは，階層データであることがほとんどであり，近

---

　1)　いわゆる重回帰分析を含む一般的な統計的仮説検定では，各標本が相互独立性を持つと
　　　いう前提がある（栗田 1996）。しかし，階層データの場合，下位階層のサンプル間には相
　　　関（級内相関）が生じる可能性が高い。本書で扱うデータにおいても，各質問項目の級内相
　　　関係数 ICC（2）を検証した結果 .90 を超える値となるものもあった。よって，通常の統計
　　　学的仮説検定を持ちこめば，検定結果にバイアスが生じる可能性が高い。いわゆる「第Ⅰ種
　　　の過誤」を犯す可能性が高くなる。よってモデルを構築する際には，これに対処する分析手
　　　法を採用する必要がある（この問題に関する詳細と分析手法の提案については，北村
　　　（2010）に詳しい）。

年の組織研究においても，その利用が注目されている（鈴木・北居 2005）。本書では第 5 章において 3）の分析手法を用いるものとする [2]。

4.2　分析 1：誰からの支援が能力向上に資するのか？

4.2.1　変数の説明

　分析 1 に用いる各変数について詳説する。今回モデルに投入した変数は「年齢」「性別（ダミー変数：男性＝2，女性＝1）」「現在の会社で働いた通算年」「職種」，および第 2 章で作成した「業務支援」「内省支援」「精神支援」の 3 つの尺度である。

　「職種」については「事務職」「企画職」「研究開発職」「技術・SE 職」「営業職」「サービス職」「その他」のカテゴリー変数であったため，それぞれ「事務職」を 1，それ以外のカテゴリーを 0 としたダミー変数「職種（事務職）」を職種の数だけつくった。

4.2.2　上司からの支援と能力向上の関係

　上司からの「業務支援」「内省支援」「精神支援」と「能力向上」との関係は次頁表 1 のような分析結果となった。

　これによると，上司の「内省支援」と「精神支援」は，「能力向上」に対してともに正の影響を与えていることがわかった。対して，上司が行う業務支援に関しては，統計的有意な結果は得られなかった。

　経営的示唆を述べるのだとすると，上司は，直接，業務に関する助言指導を行うのではなく，折にふれて部下に内省の機会を与えたり，精神的な安息を与えるような働きかけをする方が，部下の能力向上にとって意味のあるものになる，ということである。

　まず上司の提供する「内省支援」に関して，ある教育業界に勤務した経験を持つ女性社員は，このように語っている。

2）　本書においては 4）階層型の共分散構造分析は用いない。

表1　上司からの支援と能力向上に関するロバスト
　　　標準誤差を用いた重回帰分析の結果

	Coef.	(Robust. SE)
年齢	0.0161	(0.0228)
性別	0.0369	(0.0945)
現在の会社での勤務年数	−0.0108	(0.0157)
職種ダミー（事務職）	−0.2196	(0.2354)
職種ダミー（企画職）	−0.0979	(0.2662)
職種ダミー（研究開発職）	−0.1841	(0.2504)
職種ダミー（技術・SE職）	−0.2840	(0.2435)
職種ダミー（営業職）	0.0486	(0.2452)
職種ダミー（サービス職）	0.1753	(0.2752)
上司からの業務支援	0.0268	(0.0195)
上司からの内省支援	0.1154 ***	(0.0271)
上司からの精神支援	0.0272 **	(0.0137)
定数	−2.59 **	(0.8663)

*p<.05　**p<.01　***p<.001
R^2=0.19　p<.001

「上司との接点は，自分でつくるんですよ。最も多かったのは移動時間の電車の中ですね。社外では，もう私だけのものですから。（中略）

　[移動時間の電車の中は] 1対1なので，私に対して話しかけてくれますし，聞いてくれる。でも，上司と接点を持つのは，移動時間って考えている人多いと思いますよ。（中略）

　当時の私の上司は，基本，共感から入ってくれたんですよ。「うーん，なるほどね」と [私の話を聞いてくれたあとで]，「大丈夫だよ」，とまず，言ってくれる。

　「で，私の経験だとねー」という感じになります。「で，私だったら，こうするけどな，○○はどうやりたいの？　今，どういう状況だと思っているの」という感じでした。「こうやれよ」とかいう押しつけはなかったですね。女性の上司だったからかもしれませんけど。嬉しかったですね。（中略）

　他の子とかは，違う [タイプの上司にあたる] 子もいたな。とにかく上の手足みたいな感じで。「[下は] よけいなこと考えるんじゃない，みたいな [ことを言われる] 人もいました」し。「ここまでやってから何

かあったら，相談しにこい」という男性のマネジャーもいましたね」

　この女性社員の語りからは，多忙な上司との接点や1×1のかかわりを持つのが「移動時間」に限られていること，そのような中で上司が，「基本，共感から入ることで」「精神支援」を与えたり，現状や今後の計画を問いかける「内省支援」を行ってくれたことがわかる。

　もちろん，このような上司ばかりではなく，よけいなことを考えず，「上の手足」になることを求められている「他の子」もいることがわかる。どのようなタイプの上司に巡り会うかで，どのようなタイプの支援や介入を受けることになるか，そして，本人の能力向上のチャンスがいかに異なるかがわかる。

　金融系企業に勤める若手男性社員は，上司の行う「内省支援」について，次のように語っている。

　　「中間，月末のきりのいいところで，あとでHさんきてください，とよく言われましたね。「今のあなたの仕事の状況を説明してください」と言われて，説明すると，<u>これからどうしますか？</u>と聞かれます。上司は黙って聞いてくれました。その上で，「私にはこう見えるけど」，でも，それは<u>「引き出し」</u>のひとつとして受け取ってほしい，と言われました。いつもやりとりは緊張しましたけど，<u>一回り大きくなるきっかけ</u>でしたね」

　この男性社員の上司は，男性社員にひとしきり仕事の進捗状況について説明を求めた上で，「これからどうするのか？」を自己説明させている。その上で，「「引き出し」のひとつ」であることを断った上で，自己の意見を述べている。男性社員は，こうした上司の支援——本書の言葉を用いるならば「内省支援」を——受けるときは「緊張」したけれど，自分が「一回り大きくなるきっかけ」であったと結論づけている。

　なお，上司の行う「精神支援」については，4.4節で同僚・同期が提供する精神支援と関連づけて考察する。ちなみに，本モデルにおいて投入した統

制変数においてはいずれも有意な係数は得られなかった。年齢，性別，勤続年数などは，「能力向上」に有意な影響をもたらしていないことがわかる。

4.2.3　上位者・先輩からの各支援と能力向上の関係

上位者・先輩からの支援と「能力向上」との関係は，表2に示すようになった。統制変数はいずれも統計的有意な係数を得られていない。

上位者・先輩からの「内省支援」だけが「能力向上」に対して統計的有意な正の影響を与えていた。「業務支援」や「精神支援」の影響は認めることができなかった。

上位者の行う「内省支援」について，ある女性社員は，次のように述べている。

> 「［当時の］私の先輩は，5つ歳上の男性でした。制度なんてなかったですね。グループに配属になったら，俺がおまえの教育担当なんだろう，という感じで，やってくれていました。当時の私は，「数字をあげてこい」と上司に言われたら，「がんばります」と答えて，「で，どうあげるんだよ」と聞かれたら「がんばります」とだけ答えるような，いわゆる「できない営業」でした。
>
> 　先輩は，「おまえさー，その根拠のない自信は何なの？　ゴールは何なの？　今，どういう状態なの？　何からすればいいの？　そのためには何が必要なの？」と私に，いつも問いかけてくれました。これが私にとっては，一番，勉強になりました」

女性社員は，自分が「できない営業」であった頃を振り返り，常に自分に問いかけてくれた「5歳上の先輩」の存在を語っている。

「5歳上の先輩」は，とかく「精神論」に陥りがちな女性社員の営業スタイルを問題視し，彼女に「ゴールを設定させること」，「現状を分析すること」，「アジェンダを決めること」などを常に求める「内省支援」を行っていた。

どんな仕事でも，最初に取り組むときには，全体像を見通すことができな

表2　上位者・先輩からの支援と「能力向上」に関する
ロバスト標準誤差を用いた重回帰分析の結果

	Coef.	(Robust. SE)
年齢	0.0106	(0.0246)
性別	0.0615	(0.1032)
現在の会社での勤務年数	−0.0080	(0.0131)
職種ダミー（事務職）	0.1001	(0.1787)
職種ダミー（企画職）	0.2769	(0.2469)
職種ダミー（研究開発職）	−0.2223	(0.1950)
職種ダミー（技術・SE職）	−0.1508	(0.1747)
職種ダミー（営業職）	−0.0188	(0.2013)
職種ダミー（サービス職）	−0.1318	(0.2862)
上位者・先輩からの業務支援	0.0250	(0.0159)
上位者・先輩からの内省支援	0.1032 ***	(0.0271)
上位者・先輩からの精神支援	0.0139	(0.1425)
定数	−2.327 **	(0.7638)

*p<.05　**p<.01　***p<.001
R^2=0.13　p<.001

　いために，誰しも葛藤や混乱を覚える。そのような事態で陥りやすいのが，いわゆる「精神主義」に他ならない。「がんばりますとだけ答える」という女性社員の言葉からは，その片鱗をうかがい知ることができる。

　このようなときに必要な支援は，闇雲に叱咤激励することではなく，現在がどのような状況であり，ゴールが何であり，そのためにはどういうプロセスと手続きでそこに到達すればいいのか，というような「問題解決プロセス」を意識させることであると考えられる。女性社員の「5歳上の先輩」は，内省をうながす「問いかけ」によって，そのようなプロセスを意識させてくれたと推測される。

4.2.4　同僚・同期からの各支援と能力向上の関係

　同僚・同期からの各支援と「能力向上」の関係を，次頁表3のモデルにおいて重回帰分析した。統制変数に関しては，性別だけが有意な結果をもたらしている。

　分析の結果，同僚・同期からの「業務支援」「内省支援」の2つが能力向上に正の影響を与えていることがわかった。「内省支援」に関しては，上司，

表3 同僚・同期からの支援と「能力向上」に関する
ロバスト標準誤差を用いた重回帰分析の結果

	Coef.	(Robust. SE)
年齢	0.0094	(0.0241)
性別	0.3202**	(0.1029)
現在の会社での勤務年数	−0.0089	(0.0143)
職種ダミー（事務職）	−0.1716	(0.1568)
職種ダミー（企画職）	0.0336	(0.1785)
職種ダミー（研究開発職）	−0.3265	(0.1879)
職種ダミー（技術・SE職）	−0.1271	(0.1601)
職種ダミー（営業職）	−0.0536	(0.1667)
職種ダミー（サービス職）	−0.2607	(0.2490)
同僚・同期からの業務支援	0.0419**	(0.0183)
同僚・同期からの内省支援	0.0958**	(0.0376)
同僚・同期からの精神支援	0.0208	(0.0220)
定数	−2.91**	(0.8461)

*$p<.05$ **$p<.01$ ***$p<.001$
$R^2=0.13$ $p<.001$

上位者・先輩からの「内省支援」も統計的有意な結果を得ているが，同僚・同期に関しても同様だった。一方，「業務支援」が「能力向上」に与える影響でポジティブな効果が得られたのは，同僚・同期に限定されている。このことについて製造メーカーに勤める36歳の女性社員は，次のように答えている。

「わからないことがあったり，どうやっていいか悩んだら，まずは同期ですよ。携帯メールとかで，聞けば，誰かは知っている人がいる。なかなかあって，話をするのもね，ほら，忙しいし，邪魔したくないんで。
（中略）
　上も相談しろといいますが，上が求めているのはホウレンソウ［報告・連絡・相談］です。上は，みんな忙しそうなので，聞いてくれとはいいますが，聞きにいったら困るんじゃないですかね。
　あと，評価とかもからみますし，忙しいので，なかなか。一番気軽に聞けて，有益な情報をくれるのは，同僚だと思います」

　この女性社員の語りからは，業務を遂行する上で，1）最も有益かつアク

セスが有効な情報チャネルが同僚・同期であること，2）インタラクション
はもっぱら携帯メールなどの情報メディア上でなされていることがわかる[3]。
業務の「多忙化」「スピード化」がさらに進行する現在，実際に対面状況下
で業務に関する支援を受けることができる局面は，減少することはあっても，
増えることは予想しにくい。情報メディアを視角にいれたさらなる調査が必
要であると考えられる。

4.2.5　部下からの各支援と能力向上の関係

　部下からの支援に関しては，統制変数を含め，「業務支援」「内省支援」
「精神支援」，すべてが「能力向上」に正の影響を与えていなかった。

　しかし，一方で，ヒアリング調査においては，複数のビジネスパーソンか
ら，次のような声もよく耳にした。これは，食品会社の男性人材開発マネジ
ャーの発言である。男性マネジャーは，新人を配属することによる，職場の
他メンバーの能力向上・成長について次のように語っている。

　　「2年目の社員は，新人が職場にきたら，伸びますよ。自分が職場の末
　　端じゃなくなって，自分の仕事を引き継がなきゃならない。そのときに
　　は，棚卸しする必要がでてきますから。それに新人に教えているとき
　　に，はっと気づくときがあるんですよ。あー，こういうことなのか，と。
　　こういうことが起こるのは少なくない。だから，すべての職場に新人を
　　配属したいのですけれど，なかなかそうもいきません」

　ここで男性マネジャーが述べている内容は，「2年目の社員」が，新人や
部下を持つことで「伸びる＝能力向上」が図られる可能性についてである。
部下が職場に配属されれば「自分の仕事を引き継がな」くてはならないため，
いろいろな仕事を「棚卸し」することが求められる。また，「新人に教える
とき」には，「はっと気づく」ことがあることもある。

---

[3]　今回の調査の質問項目では，支援を可能にするメディアの種別までは問うていないので，
同僚・同期による支援が携帯電話，携帯メールによってなされていたかどうかは判定ができ
ない。

　男性マネジャーは，そうした下位者からの学習効果が「少なくない」と述べており，ゆえに，できるのであれば「すべての職場に新人を配属したい」と述べている。

　本来組織社会化されるはずの新人が配属されることによって，かえって，職場の構成員が逆社会化していくことについては，近年，組織社会化研究においても注目されており，フェルドマン（Feldman 1994）が，組織社会化研究の理論枠組みの再検討を行っている。

　彼によれば，組織社会化はそもそも「相互影響」のインタラクティブなプロセスとして把握する必要があり，新人の組織社会化は，組織構成員レベル，および，集団・組織レベルにおいてネガティブな効果とポジティブな効果をもたらすのだという。このうち，組織構成員レベルのポジティブな効果にあげられているものが，「知識の獲得」である。どのような機序によってそれが可能になるかどうかは実証的な研究がないが，先ほどの男性マネジャーが述べるように，例えば「引き継ぎのための棚卸し（知識の整理）」や「部下に教えること」を通して，職場の他メンバーの能力も向上する可能性がある，としている。いずれにしても本調査においては，部下からの支援を通した学習について示唆を与えるデータを得ることができなかったが，今後，部下からの支援と組織構成員の学習についてはさらなる研究が待たれる。

4.3　分析1のまとめ：誰からのどのような支援が能力向上に資するのか？

　分析1の結果を総括すると，図1のような概念図を描くことができるだろう。矢印は，職場の各エージェントから提供される能力向上に資する支援を示している。

　ふたたび整理するならば，職場において若手は上司から「内省支援」「精神支援」を受けて，能力向上を果たしている。一方，上位者からの「内省支援」，同僚・同期からは「内省支援」「業務支援」が能力向上に影響を与えているものと思われる。部下に関しては，本人の能力向上に決定的有意な影響は与えていない。

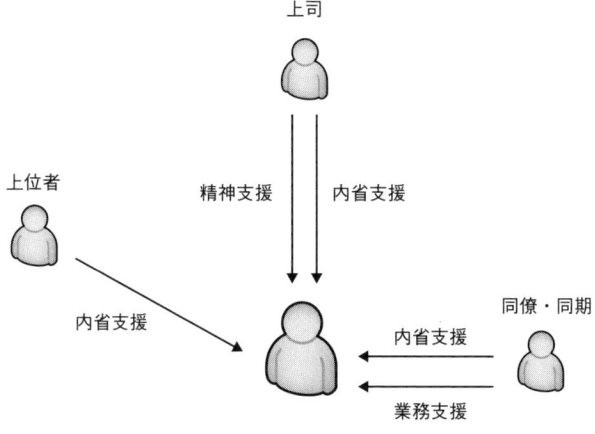

図1　職場における他者からの支援：概念図

　これらの知見と第2章で得られた分散分析および多重比較の結果と重ね合わせて考えると，上司の行う支援に関して，非常に興味深い結果が導き出される。既述したように，第2章では次のことがわかっていた。

1)「業務支援」を最大に行っているのは上司であり，その後は上位者・先輩，同僚・同期，部下である
2)「内省支援」に関しては，上司，上位者・先輩，同僚・同期，部下など，職場の様々な人々から等しく「内省支援」を受けている
3)「精神支援」を最も行っているのは同僚・同期である。上司は最も「精神支援」を行っていない

　第2章で得られたこの結果は，本人が他者から受けた支援のいわば「量」である。量としては受けていても，それが能力向上に結びつくかどうかは，別問題である。

　本章の重回帰分析では，こうした他者からの支援がどの程度能力向上に結びつくかどうかを検討した。上司に関しては，次のアイロニカルで興味深い結果が導き出された。

1）上司からの「業務支援」は量としては多いものの，能力向上には結びついていないこと
2）上司があまり行っていない「精神支援」は，能力向上に結びついていること

　1）に関してより具体的に述べるならば，他者からの業務支援で能力向上に資するとされているのは同僚・同期である。しかし，上司の方が業務支援を行っているのにもかかわらず，それは能力向上には結びついていないことがわかる。2）に関しては，上司があまり行っていない「精神支援」は，能力向上に結びつくことがわかった。逆に「精神支援」を行っている同僚・同期に関しては，それが能力向上に資する結果はでていない。

　これらの結果の解釈としては，いくつかの可能性が考えられるが4），結果を最も純粋に解釈するならば，上司の行う「業務支援」は，たとえ頻度が多くても，なかなか能力向上に結びつかない，また，「精神支援」は量が少なくても能力向上に結びつくということになる。

　前者の「業務支援」に関して，経営的な示唆を述べるならば，上司の行う業務支援が能力向上に結びつかないならば，他の職場の主体にそれを担ってもらうことも選択肢のひとつとしてありうる。あるいは，「業務支援」のやり方が悪いので，そのやり方を見直すという解釈も成立する。

　後者の上司の「精神支援」に関しては，ヒアリング調査において，ある女性社員から，次のような語りが引き出せた。

　4）　技術的な解釈としては，今回の調査が，いわゆる「知覚された能力向上の認知」を問う調査であることに起因しているかもしれない。この種の質問項目を自己評定するということになれば，おそらく，普段から行われているものは，ことさら大切な支援として認知されない傾向がある。よって普段から上司が行っている業務支援や，ふだんから同僚が行っている精神支援は認知されない傾向がでてくる可能性がある。

「上司は突き落として，見ていて，たまに褒める。それがいいんですよ。それが効くんです。でも，同僚［からの精神支援］は日々の心の支えなんです。そこが，ちょっと違うんですよね。

　私は，比較的にしっかりものなので，失敗は堪えます。同僚は，そんなとき，あえて私を慰めるために，自分が「仕事ができない」ふりをして，"○○ちゃん，最近，がんばっているよ，僕なんか全然だよ"なんて，よく声をかけてくれました。わざわざ，ふりして，私を，かばってくれるんですよ」

　この女性社員の語りからは，1）上司の「精神支援」と同僚・同期の「精神支援」の種類が異なっていること，2）上司の「精神支援」は，「厳しさの中で，たまに，褒めること」に効果があり，同僚・同期の「精神支援」とはタイプが異なっていると述べている。同僚・同期のそれは，むしろ「日々の心の支え」にあるとされている。

　もし，今，仮にこの女性社員の語りを，分析1の知見に敷衍して考えるのであれば，上司の「精神支援」が「量が少なくとも，能力向上に結びついている理由」は，厳しい環境の中に上司に仕事に突き落とされ，「たまに」褒められることの効果と考えることもできる。「たまに」であるから，量は少ないということである。

　次に，先ほどの図1から，その他の，いくつかの経営的示唆を読み解くことにしよう。

　この概念図から読み解けることは，まず第1に，若手の成長を考える上で重要なことは，職場の上司や上位者だけが単独でそれを担えるわけではない，ということである。

　例えば，「内省支援」に関しては，上司，上位者・先輩，同僚・同期それぞれが能力向上につながる支援を行っている。また，上司の「精神支援」，あるいは同僚・同期の「業務支援」は，それぞれ上司と同僚・同期にしか担えない能力向上につながる支援は行えていない。

　やや比喩的な言い方が許されるのならば，一般に職場における能力向上，あるいは「職場における人材育成」は，上司や上位者が単独で担うものとい

うよりは，「職場の中の人々の関係」あるいは「職場の人々とのネットワークの中」で達成されるものとして把握することが重要である。異なるタイプの支援を，異なる人々が分散して提供し，職場全体で育成に取り組んだ方が，効果的であることを示している。

このように述べると，多くの実務家からは，多忙化・スピード化が求められる現在の多くの職場において，もはや育成を担える余力はない，という悲鳴が聞こえてきそうである。しかし，能力向上の観点からは，マネジャーや上位者が個人１人でその育成負荷を負うのではなく，職場全体でその負荷を分散しながら担うことが重要であると言わざるをえない。

昨今の企業人材育成の言説を概観するに，育成は通常，上司が「個」として担うものだという一般的な社会通念が存在するように思える。上司の中には，自ら業務成果を出しつつ，育成責任を負い，時に疲弊しているものも少なくない。

また，いくつかの企業は，「ブラザーシスター制度」「チューター制度」とよばれる人事施策を導入し，職場に擬似的かつ人工的な上位者─本人間の育成支援関係を構築しているところもある。クラム（Kram 1985）がいうようなメンタリングを導入する試みである。会社によって運用の方法は様々であるが，上司や現場長からの任命によって，ある日，突然，若手社員のメンターに指名され，新人や若手の育成をすべて担って疲弊してしまう事例があとをたたない。

もちろん，雇用関係が複雑化し，多様な人々が働く現在の職場の現状を，このまま放置すれば，個は孤立化し，誰からの支援も受けられなくなる可能性がある。それゆえに，これらの制度においては，人工的に発達支援関係を設定することをめざしているのであるが，メンターに任命された人が，１人で丸ごと個人の成長支援を抱え込んでしまうと，満足な効果を期待できない可能性がある。また，上位者・先輩が，自ら業務成果を抱えながら，若手社員への支援をすべて抱え込み，途方にくれてしまう例があとをたたない。

「職場における能力向上，あるいは，職場の育成は，職場の中の人々において分散して担われ，かつ，ネットワークとして達成されるべきである」という本書が提供する視角は，「育成はマネジャーや上位者が個人で担うべき

もの」という一般的通念に対して，再考の可能性を提供するものである。

　このように，分析1においては，人は職場において，様々な人々から異なるタイプの支援を受けていることがわかったが，続く分析2においては，こうした多様な人々からの支援が生起するのは，どのような特徴を持った職場においてなのかについて，考察を深めたい。

　上司は，一般に部下の育成責任・業務監督責任を負っているので，彼が部下に対して支援をなすことについては疑問の余地はない。しかし，上位者・先輩，同僚・同期といった人々が，各種の支援をなすのは，どうしてなのだろうか。もし，仮に，彼らの職務内容規定の中に人材育成の項目が存在するとするならば，各支援が生起することに疑問はない。しかし，一般の企業において，「人材育成」は，職場メンバーの職務内容規定には含まれないことの方が多い。この場合，そうした支援は，いわゆる組織市民行動（Organizationl citizenship behavior）と見なすことも可能である[5]。次節では，こうした支援は，どのような特性を持った職場において生起するのかについて，主に職場風土の観点から分析する。具体的には，上位者・先輩，同僚・同期からなされる支援に対して影響を与える組織要因について考察を行う。

4.4　上位者・先輩，同僚・同期からの支援に影響を与える組織要因

4.4.1　各支援に影響を及ぼす組織要因の分析

　一般に，「各支援」に影響を与える組織要因としては様々なものが考えられる。マクロにみれば，その職場・組織がおかれているビジネス環境も，人々の多忙さや行動に影響を与えるので，その要因と言えるだろう。また，ミクロにみれば，職場メンバーの年齢構成や勤務年数といった要因も，おそらく，それに影響を与える。

---

5)　組織市民行動の定義には各種の定義がある。例えば，オルガン（Organ 1997）は，「従業員が行う任意の鼓動のうち，彼らにとって職務の必要条件ではない行動で，しかしによって，組織の効果的機能を促進する行動」を組織市民行動であると定義した。一方，ポザコフ，マッケンジー，フイ（Podsakoff, Mackenzie & Hui 1993）は，組織市民行動を①従業員が，それをなしても，賞罰を受けない行動であり，かつ，②従業員の職務規程の中に含まれていない行動で，かつ，③トレーニングもなされていない行動である，とした。

　このように様々な要因が考えられるなかで，本書においては，職場風土に着目することとした。ここでいう職場風土とは，「職場の成員が知覚している職場の雰囲気」という意味において用いる[6]。

　職場風土のうち，組織学習あるいは個人の学習に影響を与えるものが，いわゆる「職場学習風土」である（松尾・中原 2009）。従来から知識移転論においては，組織の有する学習風土が個人あるいは組織に与える影響について考察されてきた（Aubrey & Cohen 1995, Fiol & Lyles 1985, Huber 1991）。松尾・中原（2009）においては，組織ではなく，よりミクロな職場という単位に注目し，日本企業に勤める645名のデータをもとに，組織学習に影響を与える「職場学習風土」の要因を探索的に分析することを試みている。

　本書においては，「業務支援」「内省支援」「精神支援」の関係と職場学習風土の関係を探索的に分析することとした。今回の分析に用いたものは，「オープンコミュニケーション」「学習資源（時間・資金・報酬の確保）」「互酬性規範」の3尺度である。これらは先行研究において個人の学習や組織学習に影響を与える要因として指摘されている。

　第1に「互酬性規範」は「困ったときにお互い助け合っている」「他者を助ければ，今度は自分が困っているときに誰かが助けてくれるように自分の職場はできている」「他者を助ければ，いずれその人から助けてもらえる」「人から親切にしてもらった場合，自分も職場の他の人に親切にしようという気持ちになる」の4項目から構成されている（$\alpha = .83$）。「互酬性規範」の学習に対する影響は第5章で詳説するが，北村・中原・荒木・坂本（2009）らが明らかにしているように，それは個人の能力向上に影響を与えている。よって，今回の分析に加えることにした。

　第2に「オープンコミュニケーション」は「お互いの意見を頻繁に公開している」「意見の違いがあるとオープンに話し合われる」「オープンにコミュニケーションしている」「誰にでも自分の意見を言えるチャンスがある」

　6）　従来から経営学においては，組織文化と組織風土に関する様々な研究がなされてきた。一般に，組織風土とは「組織の成員が心理的に体験している組織の雰囲気」のことをさし，組織文化とは「組織構成員によって共有された，価値，信念，規範のセット」をさすものとされることが多い。もちろん，これらは厳密に区別できないとする立場も存在している（Denison 1996）。

の4項目からなる尺度である（α＝.82）。過去の先行研究において職場内の
コミュニケーションのオープンさが，職場内の学習に影響を与えていると指
摘されている（松尾・中原 2009）。

　第3に「学習資源（時間，資金，報酬の確保）」は「学習するための時間が
与えられている」「学習するために資金や他の資源を使うことができる」と
いう項目からなる尺度である（α＝.73）（松尾・中原 2009）。学習のためには
職場内にそれを支えるスラック（余剰資源）が存在することが重要である
（Watkins & Marsick 1993）

　分析は，それぞれの尺度を単純加算した個人レベルのデータを，さらに組
織レベルで集計し，組織レベルの平均値を求めた[7]。相関分析は上位者・先
輩，同僚・同期に分けて行った。結果を次頁表4に示す。

　この結果，1）上位者の行う「内省支援」の程度は「互酬性規範」と相関
があること（r＝.43），2）同僚が担う「業務支援」の程度は組織内の「互酬
性規範」および「オープンコミュニケーション」と相関があること（互酬性
規範r＝.49，オープンコミュニケーションr＝.25），同僚の担う「内省支援」は
「互酬性規範」と相関があることが示された（r＝.39）。学習資源に関しては，
統計的有意な相関を見いだすことはできなかった。

　一般に，内省を他者に促す支援は，時間的コストがかかるものだとされて
いる。現在，企業・組織を生きる人々は，自らの成果や時間に追われている。
ゆえに，内省を促すことが不可能だと述べる人々は，まっさきに，その理由
として時間や職場に学習のための余裕がないことを取り上げがちである。し
かし，上記の相関分析からは学習資源と「内省支援」の程度には，相関は見
いだすことができなかった。つまり，「内省支援」が行われるかどうかは，
時間などの資源の有無とは関係ない可能性が高い，ということである。

　次に，相関が見いだせなかった学習資源の尺度を分析から除き，「互酬性
規範」「オープンコミュニケーション」および，各支援を変数とした共構造
分散分析を行った。

7）　級内相関係数（Intraclass correlation）に関して，ICC（2）は互酬性規範が0.65，オー
　　プンコミュニケーションは0.46，学習資源は0.85，業務支援は0.85，内省支援は0.53，
　　精神支援は0.44であった。

表4　各支援と学習風土の相関係数

	互酬性規範	オープンコミュニケーション	学習資源
上位者―内省支援	0.43***	0.09	−0.17
同僚―業務支援	0.49***	0.25***	0.06
同僚―内省支援	0.39***	0.26	−0.23

*p<.05　**p<.01　***p<.001

　各変数に共分散を仮定し，適切なモデル適合度が得られるまで分析を繰り返した。最終的な各支援のパス図は図2・図3・図4のようになった。

　各支援に影響が高かったのは，職場内に「互酬性規範」が存在しているかどうかであった。「オープンコミュニケーション」と「互酬性規範」のあいだには相関が見いだせた。つまり，各支援が可能になるかどうかは，職場内のメンバー間に「互酬性規範」が認知されているかどうかが重要であるということである。

4.4.2　職場における互酬性規範を高めるためのマネジャーの振るまい

　この結果から示される経営的示唆としては，職場における「互酬性規範」を高めるような試みがなされれば，「内省支援」が行われる可能性があると思われる[8]。しかし，職場における「互酬性規範」を高めるといっても，我々は途方に暮れてしまう。「互酬性規範」は，あくまで目に見えないものであり，また人々の「心」の中にあるもので，直接，外部から操作可能なものではないからである。

　これまで筆者が行ってきたヒアリング調査においては，「職場における互酬性規範」を高めるための「エージェント」として，最も有力なのは，現場のマネジャーの振るまいにあると思われる。これまでのヒアリング調査の結果では，それを暗示するような数々の語りが聞き出せた。

　ある男性若手社員は，「互酬性規範≒職場の中の助け合い」について，次

---

8)　かつてルソー（Rousseau 1989）は，心理的契約を「個人と他者との間の互恵的交換につ
　いて合意された項目や状態に対する個人の信念」とした。通常，心理的契約は個人と組織の
　間でかわされる概念であるが，ルソー（Rousseau 1990）によれば，従業員同士の関係にお
　いても，それは存在しているという。例えば，超過勤務に関すること，異動を受容すること
　などが，それに含まれる。本章で取り上げた「他者に対する仕事の支援」も，そのひとつに
　含まれると思われる。

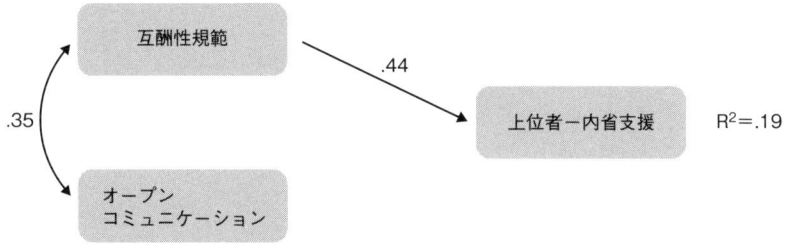

図2　上位者による内省支援

（GFI＝.997，AGFI＝982，RMSEA＝0，AIC＝10.15）
誤差，および有意差のないパス図については省略

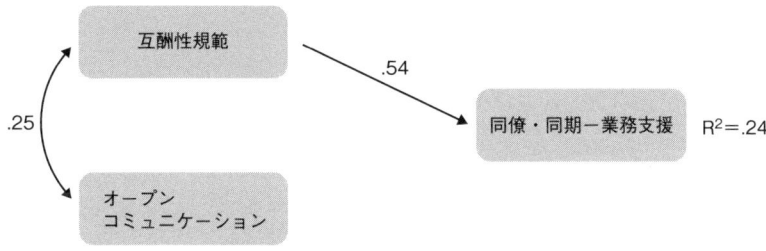

図3　同僚・同期による業務支援

（GFI＝1，AGFI＝999，RMSEA＝0，AIC＝10.00）
誤差，および有意差のないパス図については省略

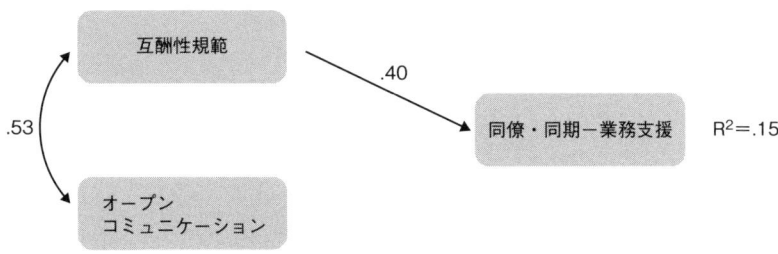

図4　同僚・同期による内省支援

（GFI＝.997，AGFI＝981，RMSEA＝0，AIC＝10.17）
誤差，および有意差のないパス図については省略

のように語っている。

> 「助け合えるかどうか，職場によりますよ。ひどいときには，本当に殺伐としていて，誰がおめーらなんかのことしるか，みたいな。みんなの「が」が強くなって，エゴのかたまりみたいになっちゃう。そういうときは，職場のトップとの距離が遠いです。（中略）
>
> 　でも，職場によっては，仲がよくて，助け合って，きちんと面倒みあっているところもある。概して，トップとの距離は短いです。職場の人のキャラクターとかいろいろなことがからみあうので，一概にはいえないですけどね。（中略）
>
> 　でも，トップの意向とか方針が最も大きいのではないでしょうか」

　この男性語りからは，1）職場の助け合いが，職場ごとによって異なっていること，2）職場の助け合いの程度は，職場「トップとの距離」に依存することなどが語られている。部下の立場から見ると，職場の助け合いの風土を醸成できるのも，できないのも，いわば「シンボリックマネジャー」としての上司の振るまいによる，ということになるのだろう。
　それに対して，一方，マネジャーの方はこの問題をどのように語るだろうか，現在9名の部下を抱える男性マネジャーは，下記のように語る。

> 「どんなに大変な人がいても，どんなにビジネス環境がかんばしくなくても，マネジャーがどう采配するかで職場の雰囲気変わりますよ。その考え次第によっては，職場のメンバーが助け合わないですから，結局，いいものを損なってしまいます。自分自身も若い頃からそう思ってきましたが，だいたい職場の問題の6割は，マネジャーで決まってしまうのではないでしょうか。
>
> 　もちろん，マネジャーになったあとは，自分の影響力は2割くらいだと思いたいのですが。自分は自分が考えている以上に，インパクトがでかいと思います」

　この男性マネジャーの語りからも，職場の雰囲気，職場の助け合いに対する
るマネジャーの影響力の大きさが語られている。特に「職場の問題の6割
は，マネジャーで決まってしまう」「自分の影響力は2割くらいだと思いた
い」が［実際は］，「自分が考えている以上に，インパクトがでかい」という
語りからは，職場のメンバーに対する影響力の大きさを物語っている。

　それでは，「インパクト」や「影響力」の大きいマネジャーは，どのよう
にして，職場に「互酬性規範」をつくりだしているのだろうか。このことを
考える上で示唆に富むヒントが，広告代理店の男性マネジャー，音響機器メ
ーカーに勤める男性マネジャー，2名のマネジャーから聞き取ることができ
た。

　まず，広告代理店の男性マネジャーは次のように語る

　　「職場のみんなには，やっぱり助け合ってほしいですよ。チームですか
　　ら。でも，一方で，この歳になってくると，今さら，こうるさいオヤジ
　　だと思われたくないんですよね。だから，あえて口にだしては，言いま
　　せんよ。でも，口にだして言わなくても，仕事の割り振りとか，人の組
　　み合わせ方で，ある程度の雰囲気をつくりだすことはできるんです。で，
　　その方が，よいことの方が多い」

　ここで男性マネジャーが語っているのは，「仕事の割り振り」や「人の組
み合わせ方」を工夫することで職場の「雰囲気」を「結果」として変えてし
まう，ということである。今さら，「こうるさいオヤジ」だと言われたくな
いので，「助け合ってほしい」とは口にださない。また，そうすることで人
が助け合うことは少ない。

　その代わり，仕事の割り振りなどのマネジャーの権限をもって，職場メン
バーの仕事のあり方をコントロールし，間接的に職場の雰囲気を良好なもの
にしようという姿勢が見て取れる。

　これに似た姿勢は，音響機器メーカーの男性マネジャーからも聞き取るこ
とができた。

「例えば，はじめにA君がいますと。彼は，この仕事をやったことがないけれど，他の仕事では活躍してる。そのお隣にですね，B君がいますと。彼は一度，その仕事をやったことがあるけど，A君が得意な仕事はやったことがない。そういう人たちをセットにして，2人で一緒にやんないと，ぜったいにやりとおせない課題とか，間に合わない仕事を与えてしまうんです。で，たまに，それぞれに，どう？，進んでいる？って聞く。（中略）

　そうしたら，納期があるんだから，［2人は］助け合わざるをえない。要するに，かかわらざるをえない関係をつくってしまえばいいんです。（中略）

　その積み重ねですね，職場の雰囲気なんて」

　ここで男性マネジャーが述べていることは，経験・知識・スキルに非対称性がある職場メンバーを組み合わせて，意図的に「納期の厳しい」課題を与えることで，職場の助け合いの風土を構築しようとしている，ということである。こうした男性マネジャーの戦術は，「仕事の割り振り」や「人の組み合わせ方」といった「マネジャーの権限」で職場の雰囲気を調整しようとしていた，前者の男性マネジャーに近似している。

　もちろん，これだけの語りで，「互酬性規範」に与える上司の影響や，彼らがどのような戦術を用いてそれを操作しようとしているかについては，結論を得ることができない。これはヒアリング調査から得られた定性的なデータであって，さらに一般化が可能かどうかに関しては，別途量的データをもって検証する必要がある。

　しかし，上記をまとめると影響力やインパクトが大きいと自覚するマネジャーは，「職場の互酬性規範」を「独自の戦術」を駆使してコントロールしようとしている。そうしたマネジャーの管轄する職場で仕事をするメンバーに対しては，職場メンバーは，様々な支援をそれぞれに提供する可能性がある。結果，職場で，人は能力向上を果たしているのではないか，と推測できる。ここまでを概念図化すると，図5のようになる。上司は「直接的関与」として，自ら「内省支援」と「精神支援」を提供している。しかし，一方で

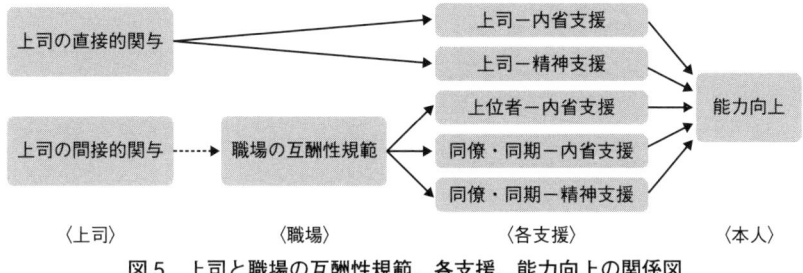

図5 上司と職場の互酬性規範，各支援，能力向上の関係図

「間接的関与」と「職場の互酬性規範」の向上に取り組み，そのことが「上位者の内省支援」「同僚・同期の内省支援」「同僚・同期の精神支援」をひきだすきっかけになっているかもしれない。

　繰り返しになるが，図5の「上司の間接的関与」から「職場の互酬性規範」に対して伸びている矢印は，あくまでヒアリング調査から浮かび上がってきた，いわば「仮説」であり，その矢印はいまだ「点線」にしてある。「職場の互酬性規範」を醸成するためのマネジャーの振るまい，リーダーシップのあり方を考察することが，今後の研究課題といえる。

4.5　第4章で明らかになったこと：3つの支援と能力向上の関係

　第4章においては，他者からの支援「業務支援」「内省支援」「精神支援」を独立変数，「能力向上」を従属変数として設定し，ロバスト標準誤差を用いた重回帰分析を行った。分析の結果，上司の「精神支援」「内省支援」，上位者・先輩の「内省支援」，同僚・同期の「内省支援」「業務支援」が，それぞれ「能力向上」に奏功していることが見て取れた。

　次に各支援を可能にする組織要因について，組織レベルの集計データを用いて探索的な分析を行った。分析の結果，職場に存在する「互酬性規範」が各支援の成立に寄与していることがわかった。「互酬性規範」をどのように生み出しているのかという問題に関しては，ヒアリング調査の結果をもとに考察した。

　続く第5章では，新たな課題に取り組む。第2章から第4章において，筆者は，ある特定の個人から提供される支援について分析を行った。上司か

116

らの支援，上位者・先輩からの支援，同僚・同期からの支援として探求された支援は，あくまで本人と支援を提供する人とのあいだの1×1の関係において立ち現れるものである。

　しかし，「能力向上」に際して他者から受けるかかわりは，決して「業務支援」「内省支援」「精神支援」といった1×1を分析単位としたものとは限らない。むしろ，職場におけるn×nのコミュニケーション全体が，「能力向上」に与える影響は大きいと思われる。

　第5章においては，このn×nのコミュニケーションが「能力向上」に与える影響，より具体的には職場のコミュニケーションと「能力向上」の関係を考察する。分析に際しては，職場の社会関係資本という組織要因の影響を加味したモデルを構築する。

第5章 職場コミュニケーションと「能力向上」：業務経験談に着目して

愚者は体験によって学ぶという。私は他人の経験によって利益を得ることを好む。

(Bismarck, O. v.)

本書では，第1章から第4章まで，「職場において人は誰から，どのような支援を受けているのか」について考察を深めてきた。

第1章で論じたように，人々の「能力向上」を支える社会的要因には，他者からの支援というものがある。人間発達の可能性がひろがる領域——ヴィゴツキーの言葉を借りるならば「最近接発達領域」——は，他者からの他律的な働きかけに開かれており，その支援を自己が内化するプロセス（個人間精神作用（Inter-mental）から個人内精神作用（Intra-mental）へ）であるともいえる。第4章においては，仕事現場における能力向上と他者からの支援の関係，および，他者からの支援に影響を与える職場学習風土に関して考察を深めた。

しかし，人々の職場における学習に影響を与える個人間精神作用は，必ずしも，他者からの支援だけとはいえない。これまで見てきたような他者からの支援が，「上司—本人」「上位者—本人」「同僚・同期—本人」「部下—本人」といったような1×1のコミュニケーションを暗示していたのに対して，職場にはn×nのコミュニケーションが存在する。職場の人々との何気ない会話や雑談，そして対話の中で様々な事柄が学ばれている。

第5章においては，この職場コミュニケーションに焦点をあてる。職場コミュニケーションが能力向上に与える影響を考察するものとする。また第

4章と同様に，職場コミュニケーションに影響を与える組織要因についても
考察をしてみたい。

　もちろん，一口に職場コミュニケーションといっても，日々の雑談から業
務に関する打ち合わせ，将来構想に関するディスカッションまで様々なもの
が存在しており，焦点をしぼる必要がある。

　本章において注目するのは，業務プロセスにおいて，職場のメンバーが，
自らの成功経験や失敗経験について話し合うことである。知識移転に関する
先行研究においては，成功経験や失敗経験の話し合いが，職場メンバー間の
学習に与える影響は大きいとされている。また，実務の世界においても，ノ
ウハウや知識の伝承などを行わざるをえない局面においては，成功経験や失
敗経験に関する話し合いがなされる場合が多い（坂本・中原・松尾 2009）。そ
こで，ここでは，職場コミュニケーションのうち，成功経験や失敗経験に関
する話し合いが，「能力向上」に対してどのような影響を与えうるのかについ
て考察した。

　分析は階層線形モデルを用い，組織要因が成功経験や失敗経験の話し合い
の効果にどのように影響するのかを把握することをめざす。具体的には社会
関係資本の中の互酬性規範，および信頼性を組織レベル変数とした階層線形
モデルを構築し，組織レベルの職場の中の信頼や互酬性規範が，業務経験の
語り合いを通して，どのようにして「能力向上」に結びつくのかを考察する。

5.1　職場における学習リソースとしての業務経験談

　私たちは，日々，職場で，様々な人々とコミュニケーションをしながら，
仕事をしている。何気ない雑談，たわいもない冗談に始まって，日常業務に
関する相談，業務の打ち合わせ，事業報告会でのディスカッション，将来の
事業計画に関する熱心な対話。私たちが職場においてコミュニケーションす
る内容は，このように非常に多岐にわたり，とても，それを分類することは
難しい。

　多岐にわたるコミュニケーションの中で，知識移転の観点から，一定の役
割を果たしていると思われるものが「業務経験談」である。ここでいう「業

務経験談」とは「職場の構成員が各自の業務経験を相互に語りあうこと」である。

野中・竹内（Nonaka & Takeuchi 1995）は，共同化（Socialization），表出化（Externalization），結合化（Combination），内面化（Internalization）という暗黙知—形式知変換のプロセスが，個人の能力を高め，集団・組織が知識創造を行うことにつながることを理論化した。このサイクルを駆動するきっかけになる表出化（Externalization）のプロセス，すなわち，個人の暗黙知が組織の形式知に転換される表出化プロセスの具体例として，対面のコミュニケーションやチーム内での相互作用，電子メールでのやりとり，議論などのコミュニケーション機会などが数多くあげられている（McInerney 2002）。特に，業務に関する経験をともに行ったり，その体験を話し合うなどの場が，集団・組織間における知識移転に寄与し，個人の「能力向上」につながることが指摘されている（Cohen & Prusak 2001）。

業務経験談，特に成功経験談の業務遂行に対する影響とそのプロセスについて具体的な描写を行ったのは，文化人類学者のオールによるエスノグラフィーである。オール（Orr 1996）は，コピー機修理工の職場を参与観察の手法を用いて観察し，修理工たちが，会社からオフィシャルに支給されるマニュアルや研修ではなく，職場のカフェテリアにおける業務経験談を通して熟達していくことを明らかにした。

失敗経験から得られた知識に関しては，メイディークとザーガー（Maidique & Zirger 1985）が指摘するように，失敗に関する知識は後続する成功のリソースになりえる。しかし，それも属人的に所有しているだけでは，組織の卓越性を保証しない。それが，組織内部に埋め込まれるように，個人の知識を組織構成員に共有させることが重要である（Argote & McGrath 1993）。私たちは，職場で，以前誰かが行った失敗を，他の誰かがまた繰り返している，といったことを何度も目にした経験があるのではないだろうか。これは1人の失敗が，他のメンバーに共有されておらず，属人的にだけ蓄積しているからである。それを他者に伝えることができれば，職場全員のメンバーが同じ過ちを繰り返すことはなくなる。また，成功をおさめる可能性も高くなるだろう。

　こうした成功経験談と失敗経験談の「能力向上」に対する影響は，一般の企業・組織においても存在している，と思われる。

　ある男性マネジャーは，業務経験談についてこのように語った。

　　「営業はそうですね（中略），お客さんのところにいって，戻ってくると自然と8時くらい。うまくいかない日もありますよね。で，そのあとみんなで飯を食うんです。チームで集まることもありますね。そのときは，同僚はもちろん，上司も，その上の上司とかの部長クラスの人も集まってきて。みんなで店屋物なんてとって。お互い，よく知り合っている仲間ですから。

　　そのうち，「今日，客先でこんなこと言われてですねー」なんていう会話が起こります。「そう言われたら，俺は前にこう答えてうまくいったけどな」とか。「俺も前にやらかしたことあるよ」みたいな感じで，上司がいろいろ教えてくれましたね。上司からいろいろ仕事のノウハウを教えてもらったのは，そういうときでしたね。

　　たまには，20人の事業所の若い人だけで集まるときあるんです。そういうときは「あの社長に，こんなこと言われたよ」というと，「気にすんな，誰にでもあるよ，おれもさ，こないだやらかしちゃってさ」みたいな会話になりますよね」

　ここで，男性マネジャーが語っているのは，業務時間を終えたあとの夕食のあいだになされる業務経験談である。営業のチームや上司が集まってきて食事をしながら，仕事の話をしている。

　男性マネジャーの「今日，客先でこんなことを言われてですねー」という語りに対して，上司が自らの経験を語りつつ，仕事のノウハウを職場メンバーに共有させていることがわかる。

　一方，「若い人だけで集まるとき」には，「気にすんな，誰にでもあるよ，おれもさ，こないだやらかしちゃってさ」というかたちで，相互に失敗経験を語り，「精神支援」を与え合っている様子が見て取れる。このような男性マネジャーが語る営業社員の経験談の語りは，オールの描いたカフェテリア

での修理工たちの語りに重なるところがある。

　その他，実務の現場では，個人，ひいては，集団の能力を高めるため，職場で業務経験談の交換は頻繁に行われる。中には，オールや先ほどの男性マネジャーの場合とは異なり，部や課全体を巻き込んだ「イベント」として実施されることがある。

　例えば，坂本・中原・松尾（2009）らの事例研究では，パナソニック株式会社のデバイス営業本部内の知識伝承について，事業本部の構成員を対象にインタビュー調査を実施している。

　同社同営業本部においては，「若手中堅社員が成長しない」という課題に対して，統括部長が中心になって，ベテラン社員から若手社員への知識の継承を積極的に推し進める機会を持つことにした。それが「語らないともったいないワークショップ」である。

　「語らないともったいないワークショップ」では，ベテランが成功経験だけでなく，失敗経験を素材として提供した。ベテランには，経験を語るだけでなく，そこから自分が学んだ教訓を論じてもらった。失敗経験と教訓を分けて語ることができるように，ワークシートにあらかじめ書いて整理をしてもらっていた。ベテランに語ってもらったあとは，ディスカッションの時間になる。ベテランの語りをもとに，部として共有するべきことは何かを考えた。

　あるIT企業においても，このような機会が持たれている。ヒアリング調査では，IT企業において営業チームを統括する男性マネジャーから，次のような語りを得ることができた。このチームにおいては，就業前，就業後に必ず，職場メンバーが集まり，チーム会議を開催する。

　　「［僕たちのチームでは］チーム会議を持っていますね。朝は水曜日が8時15分から，月火金が9時30分からでしょうか。だいたい30分から1時間くらいまで。11人のチームを3人1組のユニットにわけて，ユニット長を決めました。（中略）
　　　ユニット長が司会役を務めて，［自分たちの仕事の］成功事例の交換をします。なぜうまくいったのか，その要因は何か。疑問点は改善点は

何かをみんなで，あーだこーだ，といぶくんですね。失敗も共有します。なんでおこっているのか，いったいこのあと，どうすればいいのか。

　実はユニットでは，このようなミーティングをしなくても，どうせ一緒に行動していますから，前の日に帰社したときに，会話は始まっているわけです。でも，ユニット以外のみんなに，そのことをちゃんと伝えてほしいんですよ。（中略）

　みんなには，成功事例は，どんどん自慢してください，と伝えています。自分のクライアントなんだから，どうどうと自信を持って伝えてくれ，と。失敗事例は，まずは，僕自身が語ることですよね。（中略）

　"へー，○○さんもそうなんですか"というかたちで，自分［マネジャー本人］が失敗した経験を語ることから始めないと，［職場のメンバーは］信用してくれないのです。会の雰囲気は僕がつくるものです」

　この男性マネジャーの職場では，短い時間ながら，成功事例や失敗事例を共有することを就業前に行っている。このような試みを実施するにあたり，男性マネジャーは，「成功事例」に関しては，どうどうと自信を持って伝えてほしいと述べ，「失敗事例」に関しては，「自らそれを開示することで雰囲気をつくる」と述べている。「成功事例は，どんどん自慢してください」「失敗事例は，まずは，僕自身が語ることですよね」という語りからは，そのことが見て取れる。

　以上，成功経験談・失敗経験談について先行研究，実務の領域において実践されていることを概観してきた。業務経験談が「能力向上」に与える影響は少なくないことが予想されるが，その実態を探求するための実証的研究は非常に少なく，まだわかっていないことが多い。

　わずかに存在する業務経験談と「能力向上」の関係についての実証的研究としては，浦・古川などの研究をあげることができる。浦・古川（2004）は，ある病院の看護師298名を対象に質問紙調査を行い，看護チームにおける，業務を上手に遂行するコツや工夫，および，ミスやトラブルの伝え合いの頻度と効果を測定した。

その結果，同僚間におけるミスやトラブルの防止の伝え合いといったような「失敗経験」が，看護師にとって最も重要な，非常時における具体的な患者への対処能力に影響を与えていた。業務のコツや工夫の共有といった「成功経験」は，一部の項目には有意な影響を与えていたが，「失敗経験」ほどではなかったことが明らかになった。

浦・古川（2004）の研究は非常に先駆的な研究ではあるが，その研究対象は病院の看護師であり一般的な企業におけるホワイトカラーの労働者においても，この傾向があるかどうかを今後明らかにする必要がある。

また加えて，第4章と同様に，業務経験談が生起する状況に影響を与える組織要因の影響も分析できれば，経営的示唆を得ることにつながる可能性も高まる。どのような組織要因が業務経験談の生起に寄与するのかが，明らかになれば，経営層や上司が，自らの組織を見直す際の指針になりうる可能性がある。よって本章では，これに取り組むこととする。

5.2 業務経験談に影響を与える組織要因

業務経験談に影響を与える組織要因を探求するといっても，様々なものが考えられる。第4章で考察したような「オープンコミュニケーション」「学習資源」といった職場学習風土もそのひとつであろうと考えられる。第4章の分析では，他者からの支援に影響を与える要因として，互酬性規範が強い影響を持っていることがわかった。

本章の分析においては，社会関係資本論（Social capital theory）に焦点をあて，その中でも第4章で取り上げた互酬性規範とセットで語られることの多い，「信頼」にも分析の範囲を広げてみたい。ここでは，信頼について議論を深める前に，社会関係資本の研究について概観する。

社会関係資本とは，人間の保持する資本に関する概念であり，人文社会科学においては，経済資本，文化資本に加えた「第三の資本」として定義づけされている。しかし，その定義は多岐にわたり，研究者の合意を見るには至っていない。

その概念を広めた1人であるブルデューによれば，社会関係資本は「相

互に面識があり認知しあう制度化された関係からなる持続的なネットワークを保有することと，結びついた現実的もしくは潜在的な資源の総体」であるという（Bourdieu 1986）。これは一般的な用語になおすならば「人脈」に近い概念である。高い社会関係資本を保持する家庭に生まれた個人は，より有利な教育を受け，より有利な職業につく可能性が高まり，ゆえに，高い文化資本と経済資本を手にすることになる。ブルデューは，経済資本，文化資本，社会関係資本などの概念をダイナミックに用いながら，教育現場において作動する選別の仕組みや，社会的上昇や階級再生産のメカニズムを明らかにすることに努めた（Bourdieu & Passeron 1991）。

「人脈としての社会関係資本論」は，その後，様々な社会科学者の議論をへて，現在ではかなり定義は拡張されている。それは，いまや，様々な人文社会科学の分野において応用される概念となった。

社会学では，コールマン（Coleman 1988），ウェルマン（Wellman 1979）やブリックとシュナイダー（Bryk & Schneider 2002）の研究がある。人的資本の再生産に対する社会関係資本の影響に興味を持つコールマン（Coleman 1988）は，親—子どもの関係を社会関係資本ととらえ，マイノリティの家庭における教育のパフォーマンスが，社会関係資本によって影響を受けていることを明らかにした。

ウェルマン（Wellman 1979）は，トロントのイーストヨークとよばれる地域の845名のデータを用いて，社会学における中心的命題のひとつであるコミュニティ問題を論じている。

ブリックとシュナイダー（Bryk & Schneider 2002）は，シカゴの400の公立校を対象にして，教員間の関係的信頼，生徒の学業成績を測定し，教員間の関係的信頼は，学校改善のための重要な資源であることを実証した。

政治学においては，パットナムが，公共政策におけるパフォーマンスの高低と共和制の関係を調べた。市民が積極的に政治参加するネットワークと，彼らのあいだに分かちもたれている互酬性の規範，および信頼が，政策の実現に果たすべき役割が大きいことを発見した（Putnum 1993）。

この概念を用い，パットナムは，アメリカにおいて共同体を構築する人々の力，すなわち信頼や互酬性の規範といったものが失われていることを論じ，

『孤独なボウリング』（Putnum 2006）という興味深いタイトルの著書を記している。

　ちなみに，社会関係資本論において最も頻繁に用いられる定義としては，「社会関係資本とは信頼感や規範意識，ネットワークなど社会組織のうち集合行為を可能にし，社会全体の効率を高めるもの」というものがある。これは，パットナム（Putnam 2006）が用いているものである。

　以上，社会関係資本に関する研究動向を概観してきた。パットナム（Putnam 2006）で最も頻繁に用いられる定義の中にも含まれているように，信頼は，社会関係資本をなす最も重要な資源のひとつである。信頼は，互酬性規範と同様に，人々の協力行動や協調行動の成立に大きな影響を持つものとされている。

　ところで，一般に，信頼とは「相手が利己的に振舞えば自分が損を被る可能性のある状況，すなわち社会的不確実性が存在する状況において，相手が自分に対して協力的に振舞うであろうという期待」のことをいう（山岸1998）。また，それは2つの概念に大別することができ，世間一般の他者に対する信頼である一般的信頼（薄い信頼）と，特定の状況や場に存在する他者に対する信頼である特定的信頼（厚い信頼）があるといわれている（Putnum 2006）。多くの社会科学の研究は，社会全体の効率的な運用のため，前者の一般的信頼を重視し，また，考察してきた。

　一方，本書の目的は，職場という特定の場所で生起する学習のメカニズムを探求することにある。故に，本書が研究対象とするのは，ある特定の組織において，組織内の特定の他者に対して向けられる特定的信頼ということになる。本章においては業務経験談による能力向上に対して，組織レベルの互酬性規範と信頼の両者が，いかなる影響を及ぼすかについて考察する。

　すでに経営学ではベイカー（Baker 2000）が社会関係資本の概念をいち早く導入し，企業内外における社会ネットワークの構築，すなわち相互の信頼が企業の競争優位の「見えざる資産」となることを主張している。コーエンとプルサック（Cohen & Prusak 2001）は社会関係資本を「人々のあいだの積極的なつながりの蓄積によって構成されるもの。すなわち，社交ネットワークやコミュニティを結び付け，協力行動を可能にするような信頼，相互理解，

共通の価値観，行動」と定義し，組織が組織内のネットワークやコミュニティ，および，相互の信頼感を醸成するような事柄に積極的投資を行うことが重要であると指摘している。この他，グループの持つ社会関係資本とグループのパフォーマンスの関係を分析したメーラ，ディクソン，ブラス，ロバートソン（Mehra, Dixon, Brass & Robertson 2006）や，アメリカのマネジャーとフランスのマネジャーの保有する社会ネットワークを比較分析し，両者の構造的間隙における行動の差異を分析したバート，ホガース，ミショー（Burt, Hogarth & Michaud 2000）などがある。

　職場における学習研究に社会関係資本を応用した例とした北村・中原・荒木・坂本（2009）らの先行研究がある。北村・中原・荒木・坂本らは，互酬性規範と信頼などの組織レベルの要因が，個人の有する挑戦性や柔軟性を通して，いかに個人の「能力向上」に影響を与えているかを考察している。

　以上，先行研究を概観してきたが，職場における学習研究にも社会関係資本が応用されているものの，本章で取り扱う職場内のコミュニケーションと社会関係資本に関する先行研究は存在していないことがわかる。つまり，北村・中原・荒木・坂本（2009）は，職場における学習を扱っているが，その背後にある学習モデルは経験学習モデルであり，社会的コミュニケーションを媒介とした学習ではない。また，コーエンとプルサック（Cohen & Prusak 2001）は個人の能力向上，および組織間の知識共有に対する業務経験談の影響を論じているが，いまだその効果が実証されているわけではない。

5.3　分析の前に

　分析は，階層線形モデルを用い，信頼・互酬性を組織レベル変数と位置づけたうえで，業務経験談の効果を検証したい。

　質問票項目には，1）富士ゼロックス総合教育研究所（2008）の枠組みを参考に人材育成の専門家とのグループディスカッションを通して作成した1次元の尺度（従属変数：業務能力向上），2）山岸（1998），小林・池田（2007）を参考に作成した特定的信頼，特定的互酬性規範を測定する質問項目（組織レベル変数），3）人材育成の専門家とのグループディスカッションによって

作成した質問項目（独立変数：成功経験・失敗経験のストーリーテリング）を用いた。データは第1章で既述したようにワークプレイス調査で得られたものを分析した（N=675，回収率51.9%，男性77.5%，女性22.5%，平均年齢26.4歳）。

　以下，それぞれについて説明を行う。

　従属変数としては，「能力向上」に関する尺度として，富士ゼロックス総合教育研究所・中原・松尾（2008）の枠組みを参考に人材育成の専門家とのグループディスカッションを通して作成した1次元の尺度を作成した。

　作成した質問項目は，「全体を見て，仕事ができるようになった」「仕事を効率的にこなせるようになった」「ある程度，自分の裁量で判断できるようになった」「仕事の計画を自分で立てられるようになった」「自分で考えて問題を解決できるようになった」の5項目である。各項目に対して「よくあてはまる」「あてはまる」「どちらともいえない」「あてはまらない」「全くあてはまらない」のリッカート尺度で回答をもとめた。「よくあてはまる」には5点，「あてはまる」には4点，「どちらともいえない」には3点，「あてはまらない」には2点，「全くあてはまらない」には1点を付与した。

　各質問項目の記述統計は次頁の表1のようになった。

　これらの質問項目に対して1次元の尺度を想定し，確認的因子分析を実施しモデルを検証した。適合度指標は，GFI＝.99，AGFI＝.98，AIC＝26.67であった。クロンバックのα係数は（α＝.84）を示した。よって，これらの値を単純加算して従属変数として用いることにした。

　1）の組織レベルの変数においては，山岸（1998），小林・池田（2007）を参考に作成した信頼（いわゆる職場の中の信頼：特定的信頼），互酬性規範（特定的互酬性規範）を測定する質問項目を作成した。

　「あなたの職場の状況・様子について答えてください」という教示文のあと，信頼に関しては「基本的に正直な人が多いと思う」「信頼できる人が多いと思う」「基本的に善良で親切な人が多いと思う」「職場内の他の人を信頼している」という質問項目を用いた。

　互酬性規範に関する質問項目に関しては，「仕事において誰かを助けると，いずれその人からも助けてもらえる」「困ったときにはお互いに助け合って

表1 「能力向上」尺度の記述統計

	最小値	最大値	平均値	標準偏差
全体を見て，仕事をできるようになった	1	5	2.40	0.88
仕事を効率的にこなせるようになった	1	5	2.36	0.88
ある程度，自分の裁量で判断できるようになった	1	5	2.34	0.88
仕事の計画を自分で立てられるようになった	1	5	2.29	0.83
自分で考えて問題を解決できるようになった	1	5	2.29	0.71

いる」「誰かに親切にしてもらうと，自分も職場の他の人に親切にしたいという気持ちになる」「誰かを助ければ自分が困っているときに誰かが助けてくれるような職場である」という4項目をもうけた。

　いずれも，各項目に対して「よくあてはまる」「あてはまる」「どちらともいえない」「あてはまらない」「全くあてはまらない」のリッカート尺度で回答をもとめた。「よくあてはまる」には5点，「あてはまる」には4点，「どちらともいえない」には3点，「あてはまらない」には2点，「全くあてはまらない」には1点を付与した。信頼と互酬性の信頼性係数 α は，信頼が $\alpha = .84$，互酬性が $\alpha = .83$ であった。これらを単純加算して組織レベルの変数として用いることとした。各質問項目の記述統計量は表2・表3のようになった。

　独立変数は「職場の人と，仕事で成功した経験について話すことがある（成功経験談）」「職場の人と，仕事で失敗した経験について話し合うことがある（失敗経験談）」を用い，「5点：よくあてはまる」から「1点：全くあてはまらない」の5件法で回答を得た。

　表4に独立変数の記述統計量を示す。

5.4　分析

　各変数のモデルへの投入について詳説する。独立変数，従属変数，組織レベル変数以外にモデルに投入した統制変数は「年齢」「性別（ダミー変数：男性＝1，女性＝0）」，および，組織レベルに投入した変数（互酬性規範か信頼のいずれか）である。

　なお，成功経験談と失敗経験談，および信頼と互酬性規範については相関

表2　信頼に関する質問項目の記述統計量

	最小値	最大値	平均値	標準偏差
基本的に正直な人が多いと思う	1	5	2.28	0.901
信頼できる人が多いと思う	1	5	2.29	0.907
基本的に善良で親切な人が多いと思う	1	5	2.21	0.885
職場内の他の人を信頼している	1	5	2.32	0.837

表3　互酬性規範に関する質問項目の記述統計量

	最小値	最大値	平均値	標準偏差
仕事において誰かを助けると，いずれその人からも助けてもらえる	1	5	2.21	0.823
困ったときにはお互いに助け合っている	1	5	2.11	0.784
誰かに親切にしてもらうと，自分も職場の他の人に親切にしたいという気持ちになる	1	5	1.85	0.662
誰かを助ければ自分が困っているときに誰かが助けてくれるような職場である	1	5	2.25	0.859

表4　独立変数の質問項目の記述統計量

	最大値	最大値	平均値	標準偏差
職場の人と，仕事で成功した経験について話すことがある	1	5	2.53	0.964
職場の人と，仕事で失敗した経験について話し合うことがある	1	5	2.36	0.877

係数が高いため，多重共線性を回避するため，それぞれ別々の分析モデルを作成して（信頼モデル，互酬性規範モデル），別々に投入することにした。

　組織レベルの変数である信頼と互酬性規範においては，鈴木・北居 (2005) を参考として，階層線形モデルを用いる際の合意指標である rwg(j)，級内相関係数 ICC(1)，ICC(2) を検討した。組織レベル変数である信頼は，ICC(1) =0.03, ICC(2) =0.72, rwg(j) =0.88 であった。互酬性規範は，ICC (1) =0.05, ICC(2) =0.82, rwg(j) =0.90 であった。すべての変数において分散分析の結果が有意であった[1]。

　分析には階層線形モデルを用いた。下記のモデルを設定することとし，全体平均による中心化を行って変数を投入した。組織レベル変数を個人レベルの式に投入する際には，グループによる中心化を行った。分析モデルは次のとおりである。

レベル1（個人レベル）

(能力向上) $= B_0 + B_1{}^*$ (性別ダミー) $+ B_2{}^*$ (年齢) $+ B_3{}^*$ (業務経験談：成功経験談／失敗経験談) $+ B_5{}^*$ (社会関係資本：信頼／互酬性規範) $+ R$

レベル2（組織レベル）

$B_0 = G_{00} + G_{01}{}^*$ (社会関係資本：信頼／互酬性規範) $+ U_0$

$B_1 = G_{10} + U_1$

$B_2 = G_{20} + U_2$

$B_3 = G_{30} + G_{31}{}^*$ (社会関係資本：信頼／互酬性規範) $+ U_4$

$B_4 = G_{40} + U_4$

5.5 分析結果

表5に成功経験談の各モデルについての分析結果を示す。

まず，成功経験談の信頼モデル（表5の左カラム）から検討する。

個人レベルの切片に対する信頼の効果は統計的有意な結果は得られなかった。よって，信頼そのものが「能力向上」に影響を与えるわけではないことがわかった。

次に成功経験談の効果を検討する。成功経験談の切片は，統計的有意な正の係数を得た（$G_{30} = .93$　$t(6) = 9.42$　$p < 0.01$）。また成功経験談に対する組織レベルの信頼の効果は，同様に統計的有意な正の係数を得た（$G_{31} = .43$　$t(6) = 4.29$　$p < 0.05$）。よって，職場における成功経験談は「能力向上」に正の影響を与えること，そして，成功経験談の効果を組織レベルの信頼が押し上げることがわかった。組織レベルの職場内信頼の有無が成功経験談の効果

---

1) rwg (j) は0.70以上（George 1990），ICC (1) は0.12以上（James 1982），ICC (2) については0.70以上（鈴木・北居 2005）という経験的基準が存在する。本章における分析の場合，ICC (2) と rwg (j) は満たしているものの，ICC (1) に関しては，いずれも満たしていない。しかし ICC (1) に関しては，グループサイズを分母として持っているため，グループサイズが大きくなるにしたがって低くなる傾向がある。よって，すべての数値を総合的に判断し，本研究において組織レベルの変数化は妥当なものと判断した。

表5　成功経験談の階層線形モデル

従属変数：「能力向上」		信頼モデル	互酬性規範モデル
Fixed effect for slope of:		Coef.	Coef.
切片	切片	11.55***	11.58***
	信頼	−.30	
	互酬性規範		−.24*
性別（男性＝1，女性＝0）	切片	−.61	−.56
年齢	切片	−.17***	−.16**
成功経験談	切片	.93***	.78***
	信頼	.43**	
	互酬性規範		.14
信頼	切片	.04	
互酬性規範	切片		.17*

Random effect	Variance Component	
切片	.19**	.23**
性別	.99	1.13**
年齢	0	0
成功経験談	.06	.11
信頼	.04**	
互酬性規範		.05
Level−1	3.05	9.28

*p<.05　**p<.01　***p<.001

の基準になっていると考えられる。

　次に成功経験談の互酬性規範モデル（表5の右カラム）を検討する。

　個人レベルの切片に対する互酬性規範の効果は，10％有意水準の負の係数が得られた（G_{01}＝.93　$t(6)$＝9.42　$p<0.01$）。成功経験談の切片は，統計的有意な正の係数を得ることができた（G_{30}＝.78　$t(6)$＝5.02　$p<0.01$）。しかし，成功経験談に対する組織レベルの互酬性規範の効果は統計的有意な結果を得られなかった。

　このことから，成功経験談は「能力向上」に対して正の影響を与えるが，しかし，組織レベルの互酬性規範はその効果に十分な影響を及ぼすことはない，ということがわかった。

　次に，失敗経験談の各モデルの結果について検討しよう（次頁，表6）。

　まず信頼モデルから検討する。個人レベルの切片に対する信頼の効果は，統計的有意な結果が得られなかった。つまり，信頼だけが存在していても，

表6　失敗経験談の階層線形モデル

従属変数：能力向上		信頼モデル	互酬性規範モデル
Fixed effect for slope of:		Coef.	Coef.
切片	切片	11. 66***	11. 67***
	信頼	−. 25	
	互酬性規範		−. 14
性別（男性＝1，女性＝0）	切片	−. 20	−. 30
年齢	切片	−. 18***	−. 17
失敗経験談	切片	. 76***	. 59***
	信頼	. 27*	
	互酬性規範		−. 02
信頼	切片	. 06	
互酬性規範	切片		. 22**

Random effect	Variance Component	
切片	. 23	. 23**
性別	. 89**	. 86**
年齢	. 0. 8	0
失敗経験談	. 30	. 10
信頼	. 21	
互酬性規範		. 37**
Level−1	3. 1	9. 48

*p<. 05　**p<. 01　***p<. 001

個人の「能力向上」に資するわけではない，ということである。

　次に，失敗経験談の切片を見る。切片は統計的有意な正の係数が得られた（G_{30}＝. 76　t(6)＝4. 12　p<0. 01）。また，失敗経験談に対する組織レベルの信頼の影響は，10％水準の正の係数が得られた（G_{31}＝. 27　t(6)＝1. 05　p<0. 1）。

　失敗経験談は個人の「能力向上」に資するが，組織レベルの信頼はその効果を正に押し上げる効果を10％水準で持つことが示された。信頼を有する組織であればあるほど「能力向上」に対する失敗経験談の影響は向上する傾向があるということである。

　最後に失敗経験談における互酬性規範モデルを検討する。個人レベルの切片においては，互酬性規範の影響は統計的有意な係数を得られなかった。失敗経験談の切片においては，統計的有意な正の係数を得られた（G_{30}＝. 27　t(6)＝3. 07　p<0. 01）。ただし，失敗経験談に対する組織レベルの互酬性規範の効果は，統計的有意な係数を得ることができなかった。

5.6　分析結果のまとめとマネジャーの振るまい

　5.5節で得られた分析結果を要約すると，次の2点にまとめることができるだろう。

1）成功経験談は「能力向上」に資するが（1%有意水準），組織レベルの信頼はその効果を正の方向に押し上げる効果を持つ（5%有意水準）一方で，職場の互酬性規範は業務遂行能力の向上に対してマイナスの効果を持つ（ただし10%有意水準）

2）失敗経験談は「能力向上」に資するが（1%有意水準），その効果は組織レベルの信頼によって正の方向に押し上げられる傾向がある（ただし10%有意水準）。一方，組織レベルの互酬性規範に関しては，「能力向上」に与える影響も，失敗経験談にも統計的有意な影響を与えていなかった

　この結果を完全に再現したものではないが，次頁図1の概念図は結果の要点をまとめた模式図である。1）成功経験談，失敗経験談がそれぞれ個人の業務遂行能力の向上に資すること，2）組織レベルの信頼がその効果を押し上げていることが把握できる。

　以上の分析結果を，さらに詳細に検討するとしたら，どのようなことが言えるだろうか。私たちは，この分析結果から，何を読み解くことができるだろうか。

　まず第1に言えることは，成功経験談も失敗経験談も，いずれも，業務能力の向上に資する，ということである。オール（Orr 1996）の研究，コーエンとプルサック（Cohen & Prusak 2001）で論じられていた内容が，これで実証的に明らかになった。従来の研究においては，成功経験談あるいは失敗経験談が業務能力向上に与える影響については，定性的な手法によるアプローチか，あるいは，看護師などの限定的な職場における実証的な検証がなされてきただけだった。今回の発見は，それら先行研究の制約を超えることが

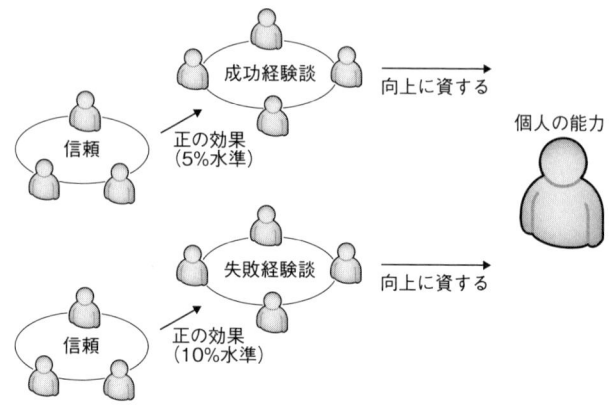

図1　分析結果の模式図

できた。

　第2に，業務経験談に対して組織レベルの互酬性規範の影響が限定的である，ということがわかった。

　1）の成功経験談モデルで得られた互酬性規範の「能力向上」に対するマイナスの効果は10％水準のマイナス，2）の失敗経験談モデルで得られた互酬性規範の「能力向上」に対する効果は有意な効果が得られなかったことがわかる。

　これは，同モデルにおける組織レベルの信頼が業務遂行能力に与える影響と比べると，非常に対照的な結果である。組織レベルの信頼の業務遂行能力に対する効果は，成功経験談モデルにおいて5％水準，失敗経験談モデルにおいて10％水準の有意を示している。職場コミュニケーション，とりわけ業務経験談に関しては，職場内の信頼が醸成されていることが重要だということがわかる。

　ここから導き出される経営的示唆は何か。

　まず第1に，実務の領域において成功経験談や失敗経験談がなされるのは，これまでにも行われてきているが，今後もさらに奨励されるべきことであろう。

　特に企業・組織においては，先に述べたパナソニックのように，ベテラン社員や，上位者などが自分の経験を語る場が近年持たれることが多い。しか

し，多くの企業において実施されているのは，成功経験談の一方向的な講演
になってしまうことが多いのではないだろうか。

まず，失敗経験の有する可能性にもさらに目配りをしていきたい。失敗経
験談の業務遂行能力に対する効果は，ほぼ成功経験談と同等である。失敗経
験を語ることは，自らのバルネラビリティ（弱点）をさらけ出すことになる
かもしれず，忌避される傾向があるのかもしれないが，そこには成功経験談
と同じ可能性が開かれている。

また，今回の分析によって導き出された内容は，あくまで「職場で成功経
験談や失敗経験談を語りあうこと」の効果であって，「職場で成功経験談や
失敗経験談を聞くこと」の効果ではない。「聞くこと」の効果がどのように
得られるかはいまだ未知数であるが，できれば，業務経験談は「語りあうこ
と」，つまりは他者との双方向のコミュニケーションの中にあることが望ま
しいと思われる（実証データから効果が検証されたという意味において望まし
いということである）。

なお，これは本章の分析とは直接関係ないが，ヒアリング調査を行ったい
くつかの職場では，職場で業務経験談を語るだけではなく，そこで得られた
経験談を形式知化するといったことも行われていた。

ある男性社員は，自分の勤務する職場について次のように語っている。

> 「みんなで考えて，ただしゃべっているだけじゃなくて，うちの部門で
> は，みんなが発表した成功事例も，失敗事例も，<u>すべてファイルベース
> にしていますね</u>。パワーポイントのかたちで，<u>事例としてまとめてあ
> る</u>。事例は1年間かけてやったものを集めて，今度はチェックリスト
> をつくって，それを<u>他の支店にも配布してます</u>。（中略）
>
> 　チェックリストさえ見れば，他の人でも，ある程度のことはできるよ
> うになっています」

この男性社員の語りからは，この職場で，職場メンバー間において語られ
た経験談（成功事例・失敗事例）が「ファイルベース」の形式知としてまとめ
られ，さらにそれをメタな視点から要約した「チェックリスト」がつくられ

ている様子である。チェックリストは，もともとの職場を離れて流通し，他の職場でも用いられている。このチェックリストを用いれば，他の職場にいる同じ業務にたずさわる人でも，「ある程度のことはできる」のだという。

　組織学習論の観点から見れば，このような状況は，職場の経験談が制度化・ルーチン化され（Levitt & March 1988），いわば組織記憶（Organizational memory）として蓄積されたと見なすこともできる。一言でいえば「組織が学習した」という状況である。

　この男性社員が勤務する事業所は，重要顧客の多いエリアの中心的活動を担う場所で，ここで得られた知識が他に移転されている。ある特定の場所で生起した経験を属人的にせず，より大きなコンテキストに移転していくためには，成功経験談・失敗経験談などの語り合いといった「その場限り」でフローしてしまうような取り組みだけではなく，前記のような組織学習を促す試みも模索されてもよい。

　第2の経営的示唆は，成功経験談と失敗経験談を見直す際には，職場メンバーのあいだの信頼といった職場風土の見直しとセットで行われると効果的である，ということである。

　成功経験談，失敗経験談のいずれにしても，職場メンバー間の信頼がその効果を押し上げる効果を持っていることがわかる。「職場内の他のメンバーを信頼できるのか」「自分の職場には信頼できる人が多いか」——，こうした信頼の問題が，成功経験談や失敗経験談の効果に与える影響は少なくない。確かに「信頼できない環境」においてなされる経験談は，「信頼できる環境」からなされる経験談に比べて効果が薄くなるであろうことは，皮膚感覚で理解できることである。

　そして，この「職場内のメンバー間の信頼」を高めること，向上させることは，第4章の互酬性規範と同じように，マネジャーやリーダーに求められる資質であろうと思われる。

　冒頭で「チーム会議で成功事例や失敗事例を語り合っている」と述べた男性マネジャーの語りにあったように，チーム内の「信用」をつくるのは，チームを統括するマネジャーの力量に依存するところが大きいと思われる。

　実は，冒頭で紹介した男性マネジャーは，数々の困難や葛藤のすえ，「チ

ーム会議」を開き，メンバー間に情報共有を促すことにチャレンジしている人物であった。

　ヒアリング調査において男性マネジャーは，マネジャーに成りたてだった頃の，かつての自分を振り返って，次のように語っている。

> 「自分がマネジャーになったとき，最初は，［それまでの］自分の上司がやってきたことと同じことを，自分もマネジャーとしてやったんですよ。ミーティングはしない，目標は与える，困ったらよべ，の3点です。（中略）
> 　そしたら，もう砂漠でしたね。いきいきしてないし，やらされ感［がメンバーのあいだに］，漂っていて。僕との距離はどんどん遠くなっていく。何より，本当に必要なこと以外の会話はゼロです。（中略）
> 　で，思い切って，変えました。メンバー交代の時期だったので，ここを逃せば，このままじゃもうもたないと思って。この同じ状況で2年目突入はさすがに僕自身がつらいな，と思って。（中略）
> 　僕は，よく親父にこういわれていたんです。プライドを捨てられるプライドを持て，と。それで，思い切って。
> 　悩み事を聞いたり，ミーティングを開いて情報交換をしあったり，メンバーがどんな夢を持っていて，どんなことにモティベーションを持っているのかを聞くようにしました。
> 　そうしたら，だんだんと悩みを打ち明けてくれるようになって，少しずつチームが変わってきました。お互いの安心感，信頼感みたいなものがでてきたし，仕事の情報共有も進んできた。
> 　後から聞いた話ですけれど，3ヶ月くらいは，メンバー同士で様子見をしていたみたいです。"いや，実は，昨年は，話しかけられませんでしたよ"というメンバーもいました」

　この男性マネジャーの語りからは，彼のマネジメントスタイルの変更の様子が見て取れる。当初，彼は，「以前の上司がやったこと」と同じことをメンバーになした。「ミーティングはしない，目標は与える，困ったらよべ」

138

である。しかし，メンバー間の状況は悪化した。それは「砂漠」という表現から見て取れる。「砂漠」の中で職場メンバー間に「会話がゼロ」だった状態を打開するために，彼自身がマネジメントのスタイルを変更して，なんとか「仕事の情報共有」が進む状態をつくりだした[2]。そのために必要だったことは，上司として部下の悩み事や夢を聞いたり，水平的な関係をつくるためにミーティングを開催したりすることであった。冒頭に掲載した「就業前，就業後のチーム会議」に関するインタビューでは，男性マネジャーは次のように述べている。

「自分［マネジャー本人］が失敗した経験を語ることから始めないと，［職場のメンバーは］信用してくれないのです。会の雰囲気は僕がつくるものです」

　職場の状況，職場の風土を変えることができるのは，マネジャー本人なのである。
　一方，職場の風土について，次のように語るマネジャーもいる。電気メーカーに勤める男性マネジャーは，職場の風土に関してマネジャーにできることとして，1）部下の話を聞くこと，2）部下の関係を見ること，3）仕事の特質を知ること，4）フィードバックをすること，だとしている。

「マネジャーの［持っている］コマと，かけられる時間は限られています。［マネジャーに］できることは，日常のことです。部下の話を聞くこと。部下の間を見ること。仕事の実際を知ること。見ているよというサインを返すことだと思います。職場では，いろんな問題が起こりますよね。モティベーションさがることがありますし，たまには，ぎすぎすした雰囲気も生まれる。でも，根本は，部下の話を聞くこと，部下同士の関係を見て，仕事の特質を見抜いて，仕事を彼らに与える。で，見て

---

2) 一般論として，マネジメントスタイルは，マネジャー本人の仕事・学習・部下に対する信念と結びついており，変容は難しい。しかし，それは組織のパフォーマンスに強い影響を与えている（Ellinger & Bostrom 2002）。

いるんだからな，というサインを返すことですよ。<u>そしたら，仕事はう
まくすすむ。</u>そしたら，<u>仕事さえみんなでうまくまわすことができれ
ば，職場の雰囲気とかの問題は大方解決すると思います。マネジャーの
ゴールは仕事の達成です」</u>

　この男性マネジャーの考えは，その 4 点をクリアできれば，「仕事はうま
く進む」ようになり，結果として「職場の雰囲気とかの問題は大方解決す
る」というものである。この考えの背景には，職場の風土そのものを対象と
して処方箋をくだすのではなく，あくまで仕事の達成こそ重視し，その結果，
職場の風土を改善する，という戦術が見て取れる。「マネジャーの［持って
いる］コマと，かけられる時間は限られてい」ることを前提にして，非常に
現実的に職場で自分がなすべきことを考えているという点で，卓見である。
　本書の目的は，風土の改善に取り組むマネジャーの戦術分析ではないため，
これ以上の詳細な記述を行わない。しかし，こうしたマネジャーの戦術，日
常の振るまい，支援的なリーダーシップのあり方と，職場の風土，能力向上
の関係をさぐることは，今後の研究において子細な検討が行われる価値のあ
る問題であると認識する。
　ともかく，マネジャーが短期的な成果を重視するあまり，職場内のメンバ
ー間の信頼を傷つけたり，破壊してしまうと，コーエンとプルサック（Co-
hen & Prusak 2001）が論じたように，短期的には仕事のパフォーマンスに，
中期的には個人の能力開発に影響が出始める。長期的には企業経営に影響が
出る可能性がある，と思われる。

5.7　第 5 章で明らかになったこと：業務経験談と「能力向上」の関係

　第 5 章においては職場における n×n のコミュニケーション，特に職場内
で行われる業務経験談に焦点化し，それが「能力向上」に与える影響を考察
した。
　分析の結果，1）成功経験談も失敗経験談も，いずれも，「業務能力」の
向上に資すること，2）組織レベルの信頼が成功経験談と失敗経験談の業務

能力向上に対する効果を押し上げることなどがわかった。

　最後には，職場内の信頼を確保するために，若手マネジャーがどのような苦労をしているかを，ヒアリング調査のデータをもとに考察した。職場に信頼を築くためには，ボトムの声を熱心に聞き取ったり，情報の共有を促すなどのマネジメントスタイルの変更があったことが明らかになった。また，時間と権限の制約がある中で，マネジャーが職場風土をどのように改善していくかについて，1人のマネジャーの語りを引用し，考察した。

　もちろん，これだけの定性データから，マネジャーが日々，どのように職場づくりをなしたり，職場の風土改善を行っているかは，一般化はできない。今後の実証的な研究が待たれる。

　第6章においては，本書の総括として第1章から第5章までを振り返る。その上で，本研究の理論的貢献や今後の研究課題についても言及する。

第6章 「職場における学習」を振り返る

コミュニティはある意味で，モダニティによって破壊された何かを探し求めることなのであり，取り戻せないか何かの探求の表現である。しかし，コミュニティの探求をモダニティに対する後ろ向きの否定や，失われたものの回復を願う絶望的なノスタルジアとだけとらえてはならない。それは，非常に近代的価値をもったものであると同時に，今日の生活経験の中心をなす条件の表現でもある。それを私たちは，不安定な世界の中での対話的な帰属の経験と読んでもよかろう。

(Delanty, G.)

　さて，これまで筆者は「職場において人は，他者からのどのような支援を受けて，あるいは，他者とのコミュニケーションを通じて，どのように能力向上を果たしているのか」を考察してきた。

　最終章である第6章においては，これまでの議論を振り返り，本研究の理論的貢献と今後の研究課題を述べる。それらを踏まえた上で，本書を執筆する上で明らかになってきた新たな研究領域「職場外の学習」についても議論を深めたい。

6.1　本書の問いを振り返る

　本書第1章で筆者は次のような問いをかかげた。

　　①人は職場で，どのような人々から，どのような支援を受けたり，どのようなコミュニケーションを営んだりしながら，業務能力の向上を果たすのか。

②職場における人々の学習を支える他者からの支援やコミュニケーショ
ンに影響を与える，職場の組織要因とはどのようなものなのか。

　1.3節では，これら2つの問いをさらに下位分割して，問1から問4まで
を設定した。以下，それらの問いに答えるかたちで，本書のまとめを行いた
い。

問1：人は職場のどのような他者から，どのような支援を受けているのだろ
うか。

　第2章の分析の結果，人は職場において，「業務支援」「内省支援」「精神
支援」という3つの異なる支援を他者から受けていることが明らかになっ
た。

　「業務支援」とは業務に関する助言・指導をさし，榊原（2004）などの従
来のOJT研究においては「現場指導」とされていたものにあたる。実務の
現場においても，通常，上司あるいは上位者・先輩が担うものとして把握さ
れているものに近い。

　第2の「内省支援」とは，折に触れ，客観的な意見を与えたり，振り返
りをさせたりすることである。一般的な用語としては，PDCAサイクルの
Checkに該当するようなものである。第1章において述べたように，業務に
おける経験は内省をともなってこそ，抽象化することができ，あるいはメタ
レベルの教訓を引き出すことができる。経験学習理論においては，それを
「成人の学習」の結果ととらえる。

　第3の「精神支援」とは，折に触れ，精神的な安らぎを与えたりするこ
とをいう。現代の正社員をめぐる労働環境はますます過酷なものとなってき
ている。給与制度の成果主義への転換を背景に，過酷なノルマや業務が課せ
られ，業務と業務のあいだのあそびの部分が非常に少なくなっている。図1
は，連合総研による調査（勤労者の仕事と暮らしについてのアンケート調査）で
あるが，この結果を見ると，対前年比でストレスが「かなり増えた」「やや
増えた」と回答した割合の合計（以下「ストレス増大」とする）は53.0％と過

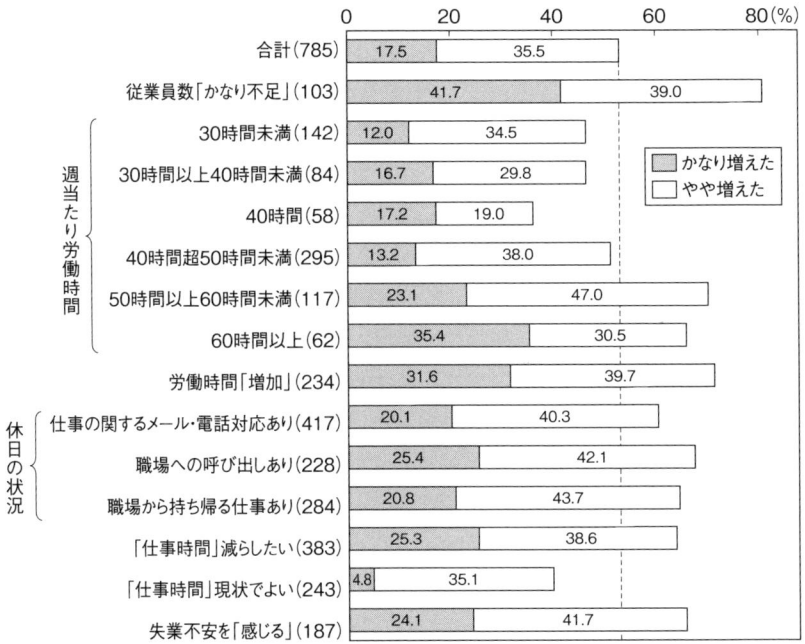

図1 勤労者の仕事と暮らしについてのアンケート調査（連合総研 2008）

(注1) 表中の「労働時間増加」は1年前と比べた実労働時間が「かなり増えた」および「やや増えた」と回答した者を合計したものである。失業不安を「感じる」は，今後1年くらいの間に自身が失業する不安を「かなり感じる」および「やや感じる」と回答した者を合計したものである。また，「仕事に関係するメール・電話対応あり」「職場への呼び出しあり」「職場から持ち帰る仕事あり」は，それぞれの状況が「常にある」「よくある」「たまにある」と回答した者を合計したものである。

(注2) ( ) 内は各グループの人数（N）を表す。

半数にのぼる（連合総研 2008）。週あたりの労働時間が長い人，あるいは，休日に仕事に関係するメールや職場への呼び出しなどがある人のストレスが高いことがわかる。

　もちろん，こうした長時間労働やストレス増大に対しては，なるべく早い段階で人事制度を見直すなどの抜本的な改革を行う必要があることは言うまでもない。長期間のストレスに長いあいだ晒されて健康を害さないほど，人間は強い生き物ではない。近年は，ワークライフバランスなどの人事施策も，個人のキャリアにあった仕事のあり方の模索を支援するという側面だけでなく，企業業績に資することが実証されており，注目をあびている（佐藤・武石 2009）。

　しかし，人事制度の改革は短期的には解決がつかないのもまた事実である。日常的に取り得る選択肢といえば，職場の中の人々から何らかの声かけや注意を傾けてもらい，精神的な安らぎを得たりすることが，ますます重要になってくるのだろうと推察する。この意味で，「精神支援」は非常に重要である。

　次に，誰から支援を受けているのかを分析した。分析の結果，1)「業務支援」を最大に行っているのは上司であり，その後は上位者・先輩，同僚・同期，部下であることがわかった。部下の育成責任を負っている上司は，頻繁な「業務支援」を行っている。2)「内省支援」に関しては，上司，上位者・先輩，同僚・同期，部下など，職場の様々な人々から等しく「内省支援」を受けていることがわかった。3)「精神支援」を最も行っているのは同僚・同期であること，反面，上司は最も「精神支援」を行っていないことがわかった。

問2：人は職場においてどのような能力を向上させているのだろうか。

　本書第2章から第4章においては，能力向上の実態を測定した。「業務を工夫してより効果的に進められるようになった」「自分の判断で業務を遂行できるようになった」などの質問項目からなる「業務能力向上」，「他者や他部門の立場を考えるようになった」「他者や他部門の意見を受け入れるようになった」などの「他部門理解向上」，「複数の部門と調整しながら仕事を進められるようになった」などからなる「他部門調整能力向上」，「より大きな視点から状況を捉えるようになった」「多様な観点から考えるようになった」からなる「視野拡大」，「以前の自分を冷静に振り返られるようになった」などの「自己理解促進」，そして，「精神的なストレスに強くなった」などからなる「タフネス向上」，以上6次元を仮定して，確証的因子分析を行った結果，本調査データにおいても有意な結果が得られた。また以上17の質問項目を主成分分析し，「能力向上」という尺度を作成した。

問3：どのような他者から，どのような支援を受けている人が，どのような能力向上を果たしているのだろうか。また他者からの支援に影響を与えてい

る職場の組織要因が何かを探索的に明らかにする。

　第2章で得られた他者からの支援「業務支援」「内省支援」「精神支援」を独立変数に，そして第3章で得られた「能力向上」を従属変数と設定し，統制変数をいくつか加えた上で，これらの関係に対してロバスト標準誤差を用いた重回帰分析を行った。分析の結果，上司の「精神支援」「内省支援」，上位者・先輩の「内省支援」，同僚・同期の「内省支援」「業務支援」が，それぞれ「能力向上」に資することがわかった。

　かつてのOJT研究では，部下育成において上司が行うべきことは「職場指導」と「権限委譲」とされていた。このうち，「職場指導」は本書の概念でいえば「業務支援」にあたる。しかし，これの「能力向上」に対する効果は，本分析結果においては，見いだすことができなかった。

　むしろ本書の分析結果によれば，上司には，客観的な意見を言ったり，自己の仕事のあり方を促すような内省支援と，精神的な安息を保証する精神支援が求められることがわかった。前者は上司自身が「経験学習のファシリテータ」として機能することを意味しているし，後者で担っているのは「ストレスマネジメント」である。このことは，部下育成に関するマネジャーの行動規範，あるいは，リーダーシップのあり方に一定の問い直しが必要であることを示唆しているように思う。

　例えば，金井・池田（2007）は，かつての英雄型リーダーシップ，カリスマ型リーダーシップ，変革型リーダーシップとは異なる種別のリーダーシップのあり方として，サーバントリーダーシップを提唱している[1]。

　サーバントリーダーシップは，部下の自主性や自発性を尊重し，それらを開花させることをめざしたリーダーシップであり，そこで描かれているリーダー像とは「相手に対し奉仕する人」ということになる。そこには，もはや，かつてのリーダーシップ論で描かれていたような，トップダウンで課題構造

---

[1]　リーダーシップ研究の最もよく読まれているユクル（Yukl 2006）によれば，リーダーシップとは「何を，どのようになすべきかについて他者が理解・合意できるように影響を与え，共有された目標を達成するために，個人的・集合的な努力を促進するプロセス」と定義している。リーダーシップが何たるかは研究者の数だけ定義があると言われているが，一般的にリーダーシップの構成要素には，かつて三隅二不二の提唱したロバストな2軸，すなわちP行動（課題構築・提示）とM行動（実行のための関係調整）があると言われている（金井2005）。

146

を構築していくリーダーの姿や，業務指導を行う要素は少ない。金井・池田（2007）は，具体的なサーバントリーダーの特徴を「傾聴」「共感」「癒し」「気づき」「説得」「概念化」「人々の成長にかかわる」「コミュニティづくり」などにおいているが，本調査で浮かび上がってくる上司の部下への働きかけは，まさに，このサーバントリーダーシップのそれに近い[2]。

「内省支援」に関しては，上司，上位者・先輩，同僚・同期のそれが奏功していることがわかった。内省を促すのは，職場の中の誰か1人というわけではなく，職場の中のすべての人々なのである。「業務支援」に関しては，同僚・同期による水平的な発達支援が，能力向上に結びついていることがわかった。

次に各支援を可能にする組織要因について探索的な分析を行った。上司による支援は，上司が部下の育成責任を負っていることからも，存在することに不思議はない。しかし，上位者・先輩，同僚・同期など直接育成責任を負わない人々が支援を行うことは，どのような環境で可能になるのだろうか。それを促進する組織要因を探索することにした。

具体的には，先行研究においてすでに取り扱われている「学習資源」「オープンコミュニケーション」「互酬性規範」を職場学習風土として取り上げた。各内省支援と各職場学習風土を組織レベルで集計し，分析を行った結果，互酬性規範がこれらの支援に影響を与えていることがわかった。第4章までにわかったことを図2にまとめる。

図2に見るように，人は職場で様々な人々から，様々なタイプの支援を受け，成長する。そして，そうした異種混交の支援を可能にするのは，職場のメンバーに分かちもたれた互酬性規範である。

問4：職場内のコミュニケーションは，「能力向上」にどのような影響を与えるのか。また，それは職場の風土のどのような影響を受けるのか。

---

2) 上司のリーダーシップのあり方を，部下の仕事を「支援すること」だと位置づけるリーダーシップ論「支援型リーダーシップ」も存在する（Podsakoff et al. 1990, Setton et al. 1996など）。支援型リーダーシップは，上司が部下の話によく耳を傾ける，上司は部下の能力伸張に協力する，などの支援型行動から構成される。しかし，そのマネジメントスタイルはマネジャーの信念体系に裏打ちされ，転換が難しい（Ellinger & Bostrom 1999, 2002）。

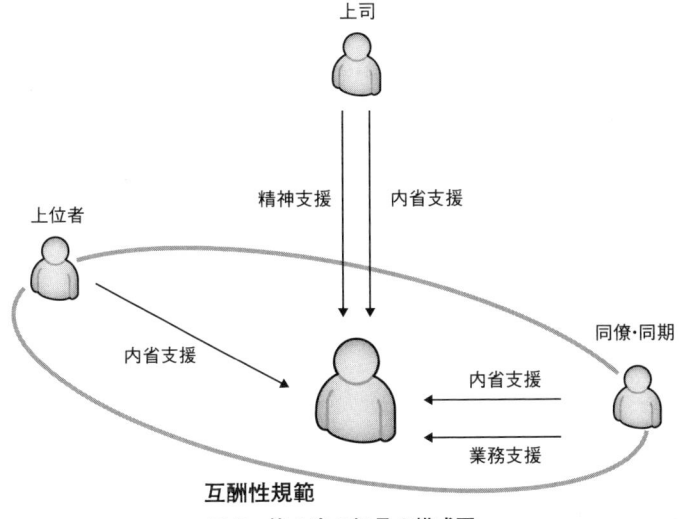

互酬性規範
図2　第4章の知見の模式図

　人々の職場における学習に影響を与える要因は，他者から1×1に提供される「業務支援」「内省支援」「精神支援」だけでなく，職場内でn×nで営まれるコミュニケーションもまた，そのひとつの学習リソースである。第5章においては，この職場コミュニケーション，特に職場内で行われる業務経験談に焦点化し，それが能力向上に与える影響を考察した。

　階層線形モデルを用いた分析の結果，1）成功経験談も失敗経験談も，いずれも，「能力向上」に資すること，2）組織レベルの信頼が成功経験談と失敗経験談の「能力向上」に対する効果を押し上げること，3）組織レベルの互酬性規範の成功経験談・失敗経験談に対する効果は限定的であることがわかった。

　第4章で論じた他者からの支援に対しては，職場メンバー間の互酬性規範の果たす役割が大きかったことを考えると，この結果は非常に興味深い。つまり，1×1の支援行為は，助け合いや協力の程度といった互酬性規範がメンバー間に共有されているかどうかに依存し，n×nの職場内の情報共有は職場メンバー間の信頼が重要になるということである。ここまでをまとめると次頁図3のようなモデル図が浮かび上がる。

　この図に見るように人は，様々な人々から支援を受け，さらには彼らとの

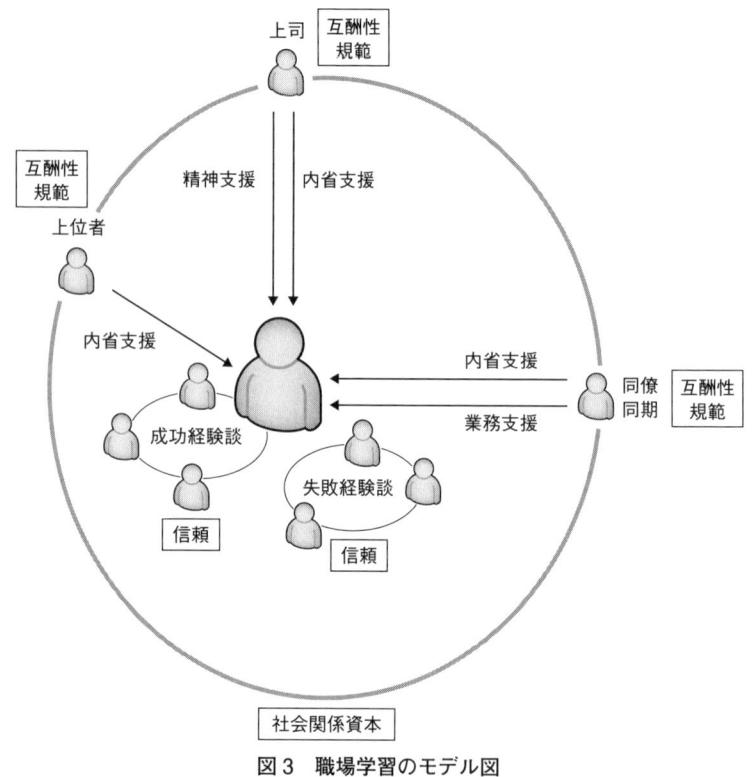

図3　職場学習のモデル図

コミュニケーションの中から能力を向上させる。能力向上に対しては，社会
関係資本が果たす役割は大きく，支援には互酬性規範が，業務経験談には信
頼が大きな役割を果たしていた。

6.2　本書の理論的貢献

　本書の理論的貢献を，1.2節で紹介した理論ごとに述べる。本書が対象に
した職場における他者からの学習，あるいは他者との学習は，組織社会化論，
経験学習論，組織学習論が密接に関連し，一部はそれに重なるがゆえに，既
存の理論ごとに貢献を述べることが適当であると判断した。
　第1に，組織社会化研究に対する理論的貢献は，本書の研究が，上司・

上位者に限定されない同僚，あるいは部下からの学習の効果を実証的に研究しえたことにある。

　1.1 節でまとめたように，能力向上に対する同僚・同期からの支援は決して少なくない。省察の機会である「内省支援」を提供する一方，能力向上につながる「業務支援」を提供できているのは，同僚・同期だけである。

　既述したように，従来の OJT 研究においては，OJT の定義が「上司・上位者による教育指導」であったがゆえに，研究の焦点は垂直的な発達支援にあてられていた。しかし，水平的な発達支援関係が，成人の職場における学習に果たす役割は少なくない。

　課題も多々残されている。同僚・同期からの様々な支援が，いったい，どのようなタイミングで，どのようなかたちで行われているのかについては，本書の採用した研究方法ではアプローチできていない。これを考察していくことが今後の研究課題であると思われる。

　第 2 に，本書の経験学習に対する理論的貢献は，経験学習が前提にしている省察プロセスに対して，他者から行われる支援やその影響を，より具体的に明らかにしたことにある。6.1 節で述べたように，職場で人は上司，上位者・先輩，同僚・同期から「内省支援」を受ける，能力向上に役立てていることがわかっている。そしてその「内省支援」の成否は，職場メンバーに分かち持たれていた互酬性規範の影響を受けていた。

　元来より，経験学習の理論，あるいは，それに関連する研究においては，経験学習を駆動する個の資質や能力の解明がめざされる傾向があり[3]，それに影響を与える他者の存在はあまり考慮されてこなかった。また，それを支える組織要因に関する考察も，松尾（2006）などの先駆的な研究は存在するが，しかし，それとて数が多いわけではない。本書で議論した他者の支援のうち，「内省支援」に関しては，従来の経験学習研究があまり取り上げてこ

---

3)　筆者は，戦後教育学の挑戦のひとつが，デューイの提唱するような「経験と学習」の理論を，いかに「他者」「社会」に開いたものとするか，にあったと見ている。発達を他者や社会に媒介されたものとして見るヴィゴツキーの理論，あるいは，文化社会アプローチなどが 1980 年以降，教育業界において注目を浴びたのは，とかく独我論的側面を持ちがちな経験学習理論を他者・社会に接合したものと見なしたいという欲望が作動したのではないか，と見ている。

なかった側面を明らかにする端緒を開いたといえる。

　こちらも課題は多い。本書が成し遂げたことは，既述したように「端緒」でしかない。最大の課題は「内省支援」が本当に「経験学習」を駆動できたのかどうかを立証できていないことにある。これに対するアプローチとしては，定量的・定性的どちらの場合もありうる。定量的には質問紙調査などをさらに行い，経験学習尺度を作成し，その尺度と「内省支援」の関係を調べることができるだろう。定性的には，マネジャーやマネジャー予備軍などを対照にして，ヒアリング調査などを行い，他者からの助言やコメントによって，何に気づきを得たのかを考察することがありうるかもしれない。現在，筆者の研究室で実施している共同研究では経験学習尺度の構成に取り組んでいる者がいる。

　また他者から与えられる支援が長期的時間の経過の中で，どのように質的にも，量的にも変化しうるのか，という問いに関して本書は明確な答えを持っていない。本書が明らかにしたのは，あくまである時点における支援のあり方と能力向上の関係についてである。

　かつてリーダーシップ研究におけるコンティンジェンシー理論において，ハーシーとブランチャード（Hersey & Branchard 1969）は，SL 理論を提唱した。

　SL 理論は，上司（リーダー）のリーダーシップのあり方が，「状況」に応じてコンティンジェント（状況依存的）に変化することを提唱している。この場合の状況とは，図4に見るように部下（フォロワー）の成熟度である。部下の成熟度が低い場合には，上司は教授型のリーダーシップスタイルをとり，部下の成熟度が高い場合には，権限委譲型のスタイルをとる。教授型から権限委譲型への移行は，部下の成熟に従って，ゆるやかにコーチング型と参加型へ移行する。

　ハーシーとブランチャード（Hersey & Blanchard 1969）の SL 理論は，あくまでフォロワーの成熟度によって効果的なリーダーシップスタイルが状況対応的に変化することを述べているが，これを本書の知見に重ね合わせることもできる。つまり部下の成熟度に応じて，上司，上位者・先輩，同僚・同期，部下からの支援もすべて変化する可能性が残されている。本書においては，

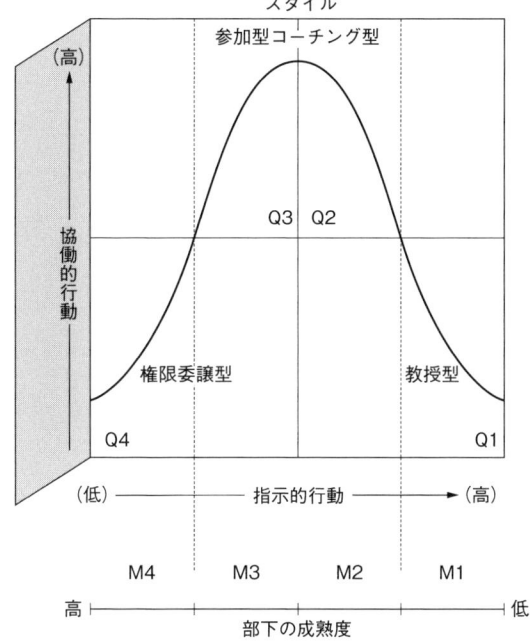

図4 SL 理論 （Hersey & Blanchard 1969）

それについて分析を行うことはできなかった。

　最後に組織学習論に対する理論的寄与を述べる。1.6節で指摘したように，組織学習論においては，従来の研究は「組織」を分析単位とし，その組織の全体的傾向のみに焦点をあてる研究が多かった。組織間の知識転移の問題を扱う組織間学習という領域も誕生していることからも，その傾向がうかがい知れる。

　それに対して，安藤（2001）やイースタバイスミスら（Easterby-Smith et al. 2000）は，個人の学習や，個々人の組織メンバー間の学習，彼らが相互作用しあって成立している学習プロセスをより詳細に見ることが重要であることを指摘している。本書の研究は，「職場」という単位において，人々の相互作用を通した学習にアプローチした。6.1節で見たように，その学習は，異なる人々から，異なるタイプの支援を受けたかたちで促進されていることがわかった。また，本書では，業務経験談に焦点化しすぎたが，職場で営まれ

る人々の相互作用には，個人の業務能力を向上させる力があることがわかった。また，それらに影響を与えるものが，職場の社会関係資本であることがわかった。

　従来の研究においては，組織内における1×1のメンタリング研究のコンテキストにおいて，それが組織内の公正さ，各審査，組織文化の影響を受けることが指摘されていた（Kram 1985, Fitt & Newton 1981）。しかし，本書が対象とした職場の中の個人間相互作用と学習，そしてそれらに影響を与える組織要因に関しては管見の限りでは先行研究がなく，本書の意義といってよい。

　しかし，残された課題も多い。それは，職場における学習と職場が複数集まって構成される組織の学習，つまりは職場学習と組織学習の関係を把握することにある。つまり，ある職場で職場学習が進んでも，それが組織学習につながらない可能性もありうる。また，あるところで進んだ職場学習が，次々と他の職場へと伝わり，組織学習につながる可能性もありうる。そうした職場学習と組織学習のダイナミックな関係を明らかにすることこそが，今後の研究課題といえる。

　以上，既存理論ごとに本書の理論的貢献，および，今後の研究課題を述べた。もちろん，これ以外にも，各理論に依拠しないかたちで研究課題が多々残されている。以下，それについて述べる。

　第1の課題はサンプリングの課題である。本書で用いたデータは有意抽出によるものであり，データサンプルに偏りが生じていることは否めない。組織研究においては非常に難しい課題ではあるものの，今後の研究が，無作為抽出されたデータによってなされることが期待される。

　また，今回第1章から第4章においてなされた一連の分析では，「上司，上位者・先輩，同僚・同期からなされる支援」と，「支援を提供される側の業務遂行能力の向上」についての関係を把握することに努めたが，実は，ここには本来見落としていけない，「もうひとつの学習」が存在する。言うまでもなく，「支援を提供した側」に生起する学習である。

　「支援を提供した側」にも，いわゆる「教えることによって学ぶ（Learning by teaching）」ということも存在するだろう。実際，現場マネジャーの中には

「部下が育つことで自分の成長を感じる」と述べる者も少なくない。

　そう考えるならば，「支援する側と支援される側」は一方向的な関係と捉えるのではなく，相互影響しあっているペアと捉えるべきであり，それを視野にいれた研究も今後の課題になるだろう。フェルドマン（Feldman 1994），ライチャーズ（Reichers 1987），サットンとルイス（Sutton & Louis 1987）らが指摘するように，社会化を促す者は，社会化を促される者，あるいは，その社会化のプロセスにおいて，逆に「社会化されている」のである。

　かつて発達理論においては，鯨岡が「関係発達論」とよばれる視座を提案している（鯨岡 1999）。「関係発達論」とは，従来の個体能力発達論を反省し，1）人間の心的成長が周囲の人たち，とりわけ，〈育てるもの〉たちとの対人関係のなかで繰り広げられるものだ，という側面と（関係の中での発達），2）〈育てるもの〉と〈育てられるもの〉の2世代の生涯過程が，「育てられる─育てる」という関係の中で同時進行しながら変容していく，という意味（関係としての発達）を加味した発達理論である（鯨岡 2002）。本書においては，「関係の中での発達」のひとつの側面，すなわち，「関係の中で育てられるものの変容」に接近することはできたかもしれないが，見落としてしまったものも少なくない。これも今後の研究課題のひとつである。現在，筆者の研究室ではこの課題を明らかにするための調査を実施している。

　加えて，職場学習とパフォーマンスの関係を分析することも，今後，取り組まなければならないことのひとつであろう。

　本書で行われた研究は，そのすべてが従属変数を個人の主観による能力向上，すなわち知覚された能力向上をデータとしていた。今になってマズロー（Maslow 1954）の欲求段階理論を持ち出して論じるまでもないことだが，人間欲求の最高位に「自己実現欲求」がかかげられ，ますますそれが重視される社会において，個人が自ら自分の成長を実感できるかどうか，という主観の問題は，たとえ，それが客観的基準に照らして妥当な判断と言えなかったとしても，非常に大きな問題である。

　しかし，これに加えて，本書の知見が企業経営・組織運営にとってより役に立つためには，より客観的な基準，すなわち業務における個人の行動やパフォーマンスを従属変数，あるいは変数とした研究が施行されるべきである

154

と考えられる。個人のパフォーマンスとは，例えば，営業の場合だと当期売り上げ目標の達成度などが考えられる。もちろん先行研究においては，主観的尺度による評定と，個人のパフォーマンスによる評定には高い相関が見られるといった報告もなされている（Jaworski & Kohli 1991）。が，しかし，本書の研究の知見が企業経営に資するためには，客観的な測定基準を従属変数としてとることも試みられてよい。

　もし，今，仮に従属変数を「個人のパフォーマンス」として，さらにそれを説明する独立変数に「個人の行動」，さらには組織レベル変数に「職場文化」などをおき階層線形モデルを用いるのだとすれば，最も基本的モデルとしては，次のようなモデルを構築可能である。

　レベル 1（個人レベル）
（個人のパフォーマンス）＝B_0＋B_1＊（性別などの統制変数）＋B_2＊（性別などの統制変数）＋B_3＊（個人の行動や認知）＋R

　レベル 2（組織レベル）
$B_0 = G_{00} + G_{01}$＊（組織要因：例えば職場文化や風土といったもの）＋U_0
$B_1 = G_{10} + U_1$
$B_2 = G_{20} + U_2$
$B_3 = G_{30} + G_{31}$＊（組織要因：例えば職場文化や風土といったもの）＋U_3

　このように階層線形モデルは，職場のどのような要因が，個人の行動に対して影響を与え，それらがどのように個人のパフォーマンスにつながっているかを分析するためのパワフルな手段でありうる。

　以上見てきたとおり，本書に残された課題は多い。しかし，職場の中の様々な人々の支援と相互作用の中で起こる学習に焦点をしぼった研究，すなわち「職場学習論」は，これらの課題をひとつずつ解決しつつ，組織社会化論，経験学習論，組織学習論といった既存理論との関係を解明しながら，今後，発展していくものと予想される[4]。

6.3　新たな研究領域の萌芽：職場外の学習の解明に向けて

　研究を行うことは，何らかの問題を解決すると同時に，「新たな問題領域」を「発見」することでもある。最後に，本書の執筆プロセスにおいて浮かび上がった「新たな研究領域」について論じたい。6.2節で述べた研究課題が，「職場内の人々の学習：職場学習」という枠組みの中における研究課題であったとすれば，これから筆者が述べる内容は，職場学習論を超える内容である。それは一言で述べるならば，「職場外の学習」という新たな研究領域の萌芽の可能性である。

　これに関して，筆者は本書の執筆・データの分析を通して，職場外に広がる環境，具体的には職場外の対人相互作用のプロセスを通して，成人がどのような能力向上を行っているかを見ていくことに可能性を感じた。つまり，企業・組織というバウンダリー（境界）の内外でなされる学習（バウンダリーレスな学び）について接近することが，今後，求められるようになるだろう，ということである。

　筆者がこのことを強く思うようになったのは，第2章から第4章において実施した「他者支援調査」の分析プロセスにおいてである。

　本書の第2章から第4章の分析では，職場の上司・上位者，先輩，同僚・同期，部下などに焦点をしぼっているが，実際，この調査においては，数は多くないものの，社外のお客様，協力会社・取引先などの協業者，社外の交流会や勉強会のメンバーなどをあげる回答者も存在した。

　次頁表1は，回答者が1番目に選んだ仕事の中での他者とのかかわり（以下，第1位かかわり）と，2番目に選んだかかわり（以下，第2位かかわり）の

　4）　ただし，組織内の人々の支援とコミュニケーションが発達することに関するネガティブな側面に関する検討を行うことも，また今後の研究課題である。沼上・軽部・加藤・田中・島本（2007）によれば，社内ネットワークの発達は，いわゆる「組織の重さ」と正の相関を持つ。つまり，ビジネスユニット内の知人数の増加は，目上の支援者を増大させる一方で，目上の説得対象者を増やすことでもある。つまり，社内ネットワークが大きくなれば，それはすなわち常にポジティブだということではなく，組織運営の重さという別の課題が生まれるということである。ゆえに，実際のマネジメントの現場では，これに対する対処を行わなければならない。

表1　職場・社外のかかわりに関する度数分布

		第2位かかわり		
		職場	社外	合計
第1位かかわり	職場	1709 (74. 2)	225 (9. 8)	1934 (83. 9)
	社外	302 (13. 1)	68 (3. 0)	370 (16. 1)
	合計	2011 (87. 3)	293 (12. 7)	2304 (100)

※（　）内は％

度数分布表である。

　表1を見ると，「第1位かかわり」においては，17.6％から「第2位かかわり」においては，14.2％が，社外の人々をあげ，彼らから様々な支援を受けていることと答えている。

　非常に興味深いのは，以下の分析である。「第1位かかわり」「第2位かかわり」の2要因を独立変数として，6つの能力向上を従属変数とした一元配置分散分析を実施したところ，従属変数が「視野拡大」のときのみ，交互作用に統計的有意な差が得られた。各要因の単純主効果は有意な結果ではなかった。

　表2・表3・図5に記述統計量，および，分散分析の結果，平均値の様子を示す。

　この結果から，上司，上位者・先輩，同僚・同期，部下などの，いわゆる「職場の人」と「社外の人」を1名ずつ回答している人の方が，「職場の人」だけを2名あげている回答者や，「社外の人」だけを2名あげている回答者よりも，「視野の拡大」が進んでいることが明らかになった。

　ここでひとつの大きな仮説を提示する。職場内外の人と出会い様々なかかわりを取り持つことは，「視野拡大」につながり，さらにはイノベーションや知識創造といった近年の企業経営にとって重要な要素が生み出される契機となりうるのではないかという壮大な仮説である。

　換言するならば，人が組織社会化やある仕事に関する熟達化をある程度成し遂げ，組織創造性（Organizational creativity）や，イノベーション（Innovation）を生み出すことが社会的に期待される頃には，ここで取り上げた社内

表2 「視野拡大」に関する平均値

第1位かかわり	第2位かかわり	度数	平均値	標準偏差
職場	職場	1319	7.30	1.38
	社外	192	7.52	1.34
社外	職場	254	7.55	1.35
	社外	67	7.13	1.71

表3 分散分析の結果

要因	SS	df	MS	F	p
第1位かかわり（職場・社会）	0.06	1	0.06	0.12	0.734
第1位かかわり（職場・社会）	0.73	1	0.73	1.52	0.218
第1位かかわり×第2位かかわり	4.54	1	4.54	9.46	0.002
誤差	1098.61	2290	0.48		
全体	1105.92	2293			

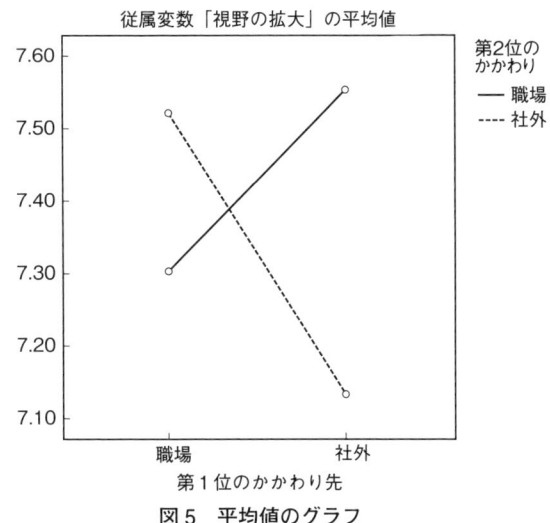

図5 平均値のグラフ

外の人々との異種混交のかかわりを通した「視野拡大」などが，重要なリソースになるのではないか，ということである[5]。

　これまで，経営学においては，イノベーションの源泉は，組織内に存在する緊張や葛藤に求められることが多かった。有名なところでは，野中・竹内（Nonaka & Takeuchi 1995）が「創造的カオス」「ゆらぎ」，加護野（1988b）が「ゆさぶり」，などを主張している。それらとは異なった視点では松尾

（2002）が職場に存在する内部競争が，メンバー間にコンフリクトやプレッシャーを生み出し，それがイノベーションの源泉になりうることを示している[6]。

しかし，これらはいずれにしても，イノベーションの源泉を組織内の緊張や葛藤，衝突に求めていることには変わりはない。その主張の妥当性を認めつつも，筆者の問題意識はここにある。

はたして，イノベーションの源泉は，組織内の緊張や葛藤だけから存在しうるのだろうか。その源泉を，社内外における人々との異種混交のかかわり，そして，それにともなう「視野拡大」，に求めることはできないのだろうか。

グールド（Gould 1995）によれば，「創造的な思考とは，事実を機械的に集めて理論を帰納するのはなく，他の分野からの直感や偏見，洞察などがかかわり合う複雑な過程」であるという。だとするならば，他の分野の人々と出会い，対話し，彼らの直感や偏見，洞察とまじわりあう機会が重要であるとも思われる（Engeström 2004）。こうしたことから，筆者は社外における人々とのかかわりを射程に入れた研究に興味を持っている。

よく知られているように，イノベーションとは，シュンペーター（Shumpeter 1950）の古典的定義によれば「創造的破壊」による「新結合」の遂行である。それは技術の革新だけを意味するのではなく，社会を根本から変革してしまうような革新であり，それは既存の物事同士が新たな組み合わせや，

---

5) 組織創造性とは「複雑な社会システムにおいて人々が協働し有用で役に立つ新しい製品，サービス，アイデア，手続き，プロセスを生み出すこと」（Woodman et al. 1993），イノベーションとは「技術革新の結果として新しい製品やサービスをつくりだすことによって人間の社会生活を大きく改変すること」（伊丹 2009）である。イノベーションは企業の競争優位のみならず，経済発展を支える源泉として位置づけられる。

6) 創造性に関しての心理学の観点からのより包括的なレビューは，パウルス（Paulus 2000）が詳しい。パウルスは，集団の創造性を高める方法として，1）社会的刺激と2）認識的刺激が存在することを指摘している。1）社会的刺激とは，グループ全体により高い目標を提示することと，グループ間の結果の比較検討を促すことである。個人に関しては，作業責任を明確にして，フィードバックを与える。要するに，これらの所作を通じて「競争」を生み出し，創造性を高めようとする。2）認識的刺激とは，異なる領域を自由にいききして物事を考えることのできる，多様な背景を持ったメンバーを集めること（発散思考：Divergent thinking，異質性：Heterogeneity），異なるメンバー同士の思考形式や振るまいに注意をはらうこと（注意：Attention），メンバー間の考えやアイデアを結びつけ，連想すること（連合：Association），その一方で，お互いの考えの違いに対立を引き起こすこと（葛藤：Conflict），5）じっくりとした内省期間を個人で持ち，新しいアイデアが孵化する機会を待つこと（孵化：Incubation）であるとしている。

新たな結合を起こすことによって創出される（Shumpeter 1934）。ゆえに，イノベーションのきっかけになるのは，既存の物事の「創造的破壊」であり，「慣行軌道」（丹羽 2010）を抜けることが重要である。つまり，日常の思考やオペレーションから離れた非連続な場所に，イノベーションの源泉は存在する。

　かつて，シュンペーター（Shumpeter 1934）は，「いくら駅馬車を連ねても，それによって，決して鉄道を得ることはできない」という名言を残した。大量輸送を行う最も簡単な方法は，駅馬車を連ねることである。しかし，それを行って実現できる大量輸送には限界がある。鉄道という新たなイノベーションは，駅馬車の動力メカニズムとは全くかけ離れた方法で，例えば，工場の動力であった蒸気機関を移動のための動力として位置づけ，しかも，その存在が駅馬車のレゾンデートルを破壊してしまうようなあり方で生み出されなければならない。このように，イノベーションは，1）創造による破壊，2）別解釈による創造と破壊の同時達成などによって達成されるのである（丹羽 2010）。

　そして，そうした創造，あるいは破壊を通して，新たなものを生み出す際に必要になるのが，既存の常識を疑い別解釈を可能にする個々人の「視野拡大」であることは想像に難くない。

　かつてアージリスとショーンは（Argyris & Schön 1978），学習には，既存の文脈や活動範囲内における状況改善，行動修正を行う「シングルループ学習」と，その活動や文脈の妥当性そのものを見直すことをめざす「ダブルループ学習」が存在していることを指摘した。同様に，ベイトソン（Bateson 2000）は，同じプロセスを以前より効率的にできるようになることを「学習 I」，同じプロセスを以前より効率化できるようになることを対象として，それを素早く実行できるようになる「学習 II」が存在することを述べている。これらのアージリスやベイトソンらの学習モード論は，その「表現」や「用語」は異なっているものの，「ダブルループ学習」や「学習 II」が，「シングルループ学習」「学習 I」の存在の見直しを取り扱っている，という意味において類似している。

　これらの議論と，上述した「視野拡大」の議論を重ね合わせて考察するな

160

らば,「視野拡大」をリソースとして,アージリスとショーン(Argyris & Schön 1978)のいうようなダブルループ学習,そしてベイトソン(Bateson 2000)が主張するような「学習II」が駆動するという仮説を得ることもできる。そして,個人が,「視野拡大」をもたらすためには職場内における他者とのかかわりを大切にしながら,一方で,積極的に職場外の異質な他者と出会い,対話することが重要なのではないかと推測できる。

　もちろん,この結果だけをもって企業・組織のバウンダリー内外に広がる「バウンダリーレスな学び」の可能性を論じることはできないし,それがイノベーションにもたらす影響も,厳密に実証されているわけではない。しかし,筆者は今後,社外を越境しつつ行われる学習,いわゆる越境学習研究が,会社・組織における学習研究にも,必要になってくるのかもしれないという予期を持つに至った[7]。ここで越境学習とは,職場外の学習活動も含めた上で,働く人々の学習や成長を論じる立場をいうものとする[8]。

　越境学習に関しては,すでにキャリア論の観点からは研究がなされている。その論者の1人である荒木は,社外の自主的な勉強会を実践共同体(Community of practice)と見なし,その越境学習の効果を実証的に明らかにした。荒木(2007)によれば,自主勉強会に参加する人は,多種多様な人々に出会うことによって,自分の仕事を自己説明したり,自社の常識を相対化する機会を得やすく,そのため,自分の現在や将来を問い直す内省が促され,キャリ

---

7)　しかし,OECDの国際比較調査によると,日本社会は一般に社会的孤立度の高い社会だといわれている。社会的孤立とは,家族・友人・職場の同僚以外の,いわゆる異質な他者との出会い,交流,つながりが欠損している状態をいう。ここでは越境学習の可能性を論じているが,越境そのものを可能にならしめる状況が,日本社会において著しく欠損している。

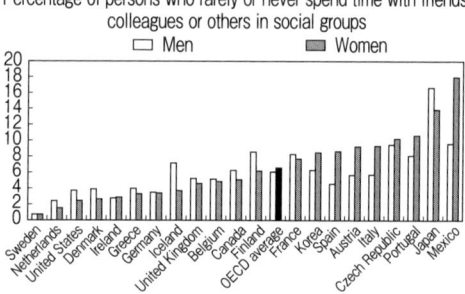

OCED : http://www.oecd.org/dataoecd/46/3/37964677.pdf　より引用

ア確立が進みやすいという。また，続く荒木（2009）によると，これらの自
主勉強会を「成果志向でメンバーの多様性の小さい実践共同体」と「非成果
志向でメンバーの多様性の大きい実践共同体」に分けて，どちらの実践共同
体がキャリア確立に果たす影響が大きいかを，質的に分析した。前者の実践
共同体においては，比較的固定されたメンバーが明確なテーマに向かって活
動し，アウトプットを期限内に出そうとしている。一方，後者のコミュニテ
ィにおいては，メンバーの出入りは自由で，テーマは決まっているけれども
あまり明確でなく，活動内容も明示的に決まっているわけではない。

　荒木の分析によると，後者のコミュニティ，すなわち「非成果志向でメン
バーの多様性の大きい実践共同体」の方がキャリア確立に寄与することを，

---

8)　本書で扱う「越境学習」に類似する概念に，状況的学習論の中で主張されている「文脈
横断学習」がある。「文脈横断学習論」は，レイヴとウェンガー（Lave & Wenger 1991）の
正統的周辺参加の理論や，ウェンガー（Wenger 1998）の実践共同体の理論，あるいはエン
ゲストロームら（Engeström et al. 1995）の「境界横断論」（Boundary crossing），ビーチ
（Beach 2003）の「共変移」（Consequential transitions）に代表されるように，学習を取り
扱う視座（Perspective）として「越境（文脈横断）」を位置づける。つまり，人は，そもそ
も様々な文脈（共同体）に所属する存在であるとし，複数の文脈を越境しつつ学ぶことを前
提にして，そうした視座から，複雑な人間の学習過程を描き出そうとする特徴がある。その
ことは，ウェンガー（Wenger 1998）の著書の書名 Communities of practice と Communities
が「複数形」として表現されていたことからもわかる。
　文脈横断論の視座にたつならば，人は単一文脈（単一共同体）に所属し，そこで学習を営
む存在ではない。むしろ複数の文脈（共同体）を越境しながら学ぶ存在である。また，極端
な場合には，人が様々に用いる道具や人工物も，他のコミュニティで生産されたものであり，
それを利用すること自体が「越境」であるとする立場をとる場合もある。
　これに対して，越境学習においては，ひとつの企業・組織の境界をまたぎ，外にでること
をあくまで「越境」と位置づける（荒木 2008）。越境学習という概念のもともとのコンセ
プトが，職場で生起する学習をみるという視座に対して，「職場以外で起こる学習」にも配
慮が必要である，という位置づけに由来しているため，このような境界が設定されている。
この意味で，両者は似ている概念でありながら，それを重ね合わせて議論を行うことには慎
重になる必要がある。また，人が越境する存在であるという視座（Perspective）を，人が
学ぶための処方箋（Prescription）に言説転換することには注意が必要である。
　しかし，一方で，越境学習にも文脈横断学習にも近似する側面がないわけではない。それ
は，異なる文脈に越境するときに，そこで出会う異質なものから，学習者自身の内省や事物
の相対化が促される，とする部分である。ドライヤー（Dreier 1999）によれば，「特定の文
脈における十全的参加がもたらす文化的無自覚は，他の文脈への参加と比較，内省によって
解消される」という。荒木（2008）は，越境によって経験と内省が駆動するとしている。
　本書においては，越境を社内と社外の人々とのかかわりとして位置づけ，それがもたらす
効果を「視野拡大」という視座から考察したが，こうした視野拡大が内省，あるいは，自己
の属する文脈の相対化からうまれた可能性はある。
　いずれにしても，人々の活動としての越境学習と，視座としての文脈横断論のかかわりが，
今後検討される必要がある。

調査を通して明らかにした。

　荒木の研究はあくまで越境学習と個々人のキャリアとの関係に焦点化している。本節で論じたような個人の「能力向上」を論じているわけではない。また越境学習のみを扱っており，筆者が示唆したような，職場と社外を往還する学習に着目したものではない。

　筆者としては，越境することによる学習と，職場における学習が，それぞれどのようなダイナミズムによって，個人の「能力向上」に影響を与えるかに興味を持っている。特に既述したように，「視野拡大」といった事柄と，それから派生するイノベーションは，現在の企業経営において根幹たりうるので，詳細に分析がなされることが期待される。

　ちなみに，筆者が重視するイノベーションや荒木の論じたキャリア以外にも，越境学習の可能性は様々に広がっている，と考えられる。

　筆者が継続して行っているビジネスパーソンを対象にしたヒアリング調査においては，近年，社外における勉強会や交流会に対する関心の高まりを多くのビジネスパーソンの語りの中から感じる。表4は，ヒアリングのプロセスにおいて人々が社外に越境することの意味やニーズを，いかに意味付けているのかを分類したものである。

　1の「キャリア（Career）」と2の「イノベーション（Innovation）」についてはすでに述べたとおりである。

　3の「ネットワーク（Network）」とは，社外に越境することで得られる人脈が，将来，自己の仕事に利益をもたらすであろう，という期待に裏打ちされた功利的なニーズである。それに似た概念が4の「フレンドシップ（Friendship）」である。こちらのニーズは，自分の仕事やキャリアに対する功利的なメリットというよりは，むしろ，異質な人との出会いそのものを楽しみたい，というニーズである。

　5の「プロフェッショナルボランティア（Professional volunteer）」とは，近年，広がりをみせている活動である。自分が仕事の上で獲得したスキルを，いわば，会社以外の場所でボランティアとして役立てることをさす。現在，いくつかの企業が，社会貢献活動および人材育成施策として，プロフェッショナルボランティアの制度をつくり，仕事で身につけたスキルを，社外の

表4　越境学習する人々のニーズ

1. キャリア	企業や事業の見通しがきかない時代に，「働く意味」「生きる意味」を再確認したい 【ビジネスパーソンの典型的語り】 「30・40超えての自分さがしをするとは思わなかった」「40になっても，"あなた何やりたいんですか"と他人に聞かれるとは思わなかった」「今の時代は，一生，就職面接が続く社会だ」
2. イノベーション	会社で身に付いてしまった思考形式や常識をアンラーンしたり，視野拡大をはかることで，新しいアイデアを生み出したい 【ビジネスパーソンの典型的語り】 「今の会社の中からイノベーションが生まれるなんて絶望的。外の世界を見に行かないとならない」「自分の中にたまった組織の垢をおとして，リフレッシュしたい」
3. ネットワーク	会社以外に人脈をもうけておくことが，将来，仕事をしていく上での利益になるから，人と交流したい 【ビジネスパーソンの典型的語り】 「会社以外のところで，縁をつくっておけば，ビジネスの助けになるかもしれない」
4. フレンドシップ	会社以外の人と，知り合いになりたい 【ビジネスパーソンの典型的語り】 「会社以外の人と知り合いになりたい」
5. プロフェッショナルボランティア	企業・組織における利益追求とは別に，社会的インパクトと社会的意義のあることに自分の専門技能を生かしたい 【ビジネスパーソンの典型的語り】 「会社じゃないところで，自分のスキルを生かしたい」
6. アントレプレナー	起業の準備のための情報収集 【ビジネスパーソンの典型的語り】 「今のうちから，将来の起業に備えておきたい」
7. アビリティ	業務に関連する情報収集や能力開発を自ら主体的に行いたい 【ビジネスパーソンの典型的語り】 「今の時代を乗り切るもうひとつの武器が欲しい」「会社が沈んでも大丈夫なようにもうひとつの島が欲しい」
8. セルフラーニング	自らの読書や自己学習を後押ししてくれるペースメーカーとして利用したい 【ビジネスパーソンの典型的な語り】 「社外の勉強会は，自分に強制力をかけるための手段である」
9. ラーニングニーズ	学ぶこと，そのことが楽しい（知的好奇心） 【ビジネスパーソンの典型的な語り】 「楽しいから」
10. アンザイエティ	何らかの不安，漠然とした不安を解消したい 【ビジネスパーソンの典型的な語り】 「何となく不安なので，今すぐ何かをしようと思って」

164

NPO や教育施設などで生かすことを奨励している。これに似ているが，異なっている概念としては，6の「アントレプレナー（Entrepreneur）」がある。「プロフェッショナルボランティア」があくまで自分のスキルや経験をボランティアとして生かすことをめざしているのとは対照的に，こちらでは自己のスキルや経験を起業に生かそうとするニーズである。そのために様々な準備をすることをいう。

7の「アビリティ（Ability）」とは，職場の外にある，最先端の知識やスキルを獲得するような場所，機会に参加し，自らの能力を高めたいというニーズである。8の「セルフラーニング（Self learning）」は，それに類する概念であるが，あくまで学ぶべき場所は，職場外ではなく，自分で行う読書などがリソースとなる。越境することは，その自己学習を促進し，ペースメーカーとして利用するための手段として位置づけられている。

最後の9の「ラーニングニーズ（Learning needs）」とは，特定の目的なしに学習することそのものを楽しむことである。10の「アンザイエティ（Anxiety）」とは，不確実性がさらに高まる現代社会において感じる漠然とした不安を，外にでることでなんとか解消したいというニーズである。

もちろん，提案した新たな研究領域の可能性は，現在のところ，いくつもの仮説的枠組みの集合に過ぎない。今後の研究の方向性としては，これらの枠組みを参考にしながら，人々が越境しつつ学ぶことの意味や効果を，職場学習と組み合わせつつ，実証的に明らかにすることがあげられる。その上で，将来の人材育成を下支えする理論系として，今後，越境学習と職場学習の関係の探求――いわば「第三の道」の探求がなされるべきではないか，という問題提起を提示しておく。

働く成人の学びは，社内・社外を問わず広がる。今後の研究においては，これらの調査データをもとに，成人の「学びの生態系（Learning ecology）」を描きたい[9]。現在，筆者は研究室に所属する大学院生らとともに越境学習および，この「学びの生態系」を描出する調査を企画・実施している（166頁，図6）。

6.4 結びにかえて

　本書を終えるにあたり，最後に本書を執筆する上で筆者が最も主張したかったことに再び立ち返りたい。

　とにもかくにも，筆者が，本書を通して最も主張したかったことは，「人材育成，いや，人間の学習や成長に対する〈他者〉の重要性」である。「自己に完結せず〈他者〉に開かれていること，〈他者〉の介入やつながりの中にあることで，私たちは成長できる」──おそらく，このことだけが言いたくて，分析と論理を積み重ねた。

　市場原理主義，企業中心主義，反福祉国家，グローバル化，自己責任論などを特徴とするような新自由主義の思想が世を跳梁跋扈するなか，その最先端にあるビジネスの領域では，さらに「強い自己」が求められている。

---

9)　「学びの生態系」という言葉は，主に，ウェブやインターネットが爆発的に広がった2000年代初頭に，学習研究において主張された考え方である。この頃，この言葉は，世の中に広がる様々なコミュニティが，ネットを通じて接合し，学習者が学ぶことのできるコンテキストや環境が多層的に広がる状態をさして用いられる傾向があった（Brown 2000, Looi 1999）。しかし，筆者としては，この用語をテクノロジーに媒介された学習空間の広がりを示すものではなく用いたい。むしろ，「常に変化する様々な環境，コンテキスト，コミュニティにおいて人間の学習は生起しており，それらが相互作用・共振している状態」をさししめす言葉として，今後，用いたいと思っている。これは，ブロンフェンブレナー（Bronfenbrenner 1979）の人間発達論おける「生態学的アプローチ」に着想を得たものである。ブロンフェンブレナーの主張においては，人間発達は，個人と環境間の相互作用として規定されており，人間をとりまく様々なシステム（Micro system, Meso system, Macro system）同士が常に変化し，相互作用を起こしているとしている。
　ちなみに，「学びの生態系」における学習支援のあり方は，1）偶発性，2）更新性，3）無境界性，4）共振性，5）触発性という5つのキーワードで把握できると考えている。1）偶発性とは，日々，私たちが生きる職場や現場において，状況の中で偶発的かつ即興的に学ぶことをいかに支援するのか，ということである。2）更新性とは，学習の継続性に関する概念である。日々，変動する現代社会においては，学習は完結するということはなく，日々「更新」され，知識はアップデートされる必要がある。こうした継続学習の環境をいかに構築するかが問われる。3）無境界性においては，企業・組織の境界は日々不可視なもの，折に触れ再編成されるものとして把握されている。境界が不可視化する中で，どのような学習経験（カリキュラム）を一人一人の学習者が所持することができるか，が研究の焦点になるだろう。4）の共振性とは，ともに学びあえる人々，共振できる人々をいかに確保するか，ということである。本書の中心的メッセージでもあるように，人間の学習は他者の媒介を必要とする。どういうコンテキストにおいて，どういう人からの支援とコミュニケーションを必要とするかが，問われるようになる。5）触発性とは，学習が自己に完結するのではなく，今自分が存在しているコンテキストや状況，あるいは，他のコンテキストとの境界を変革・再編成することをいかに支援するか，ということである。

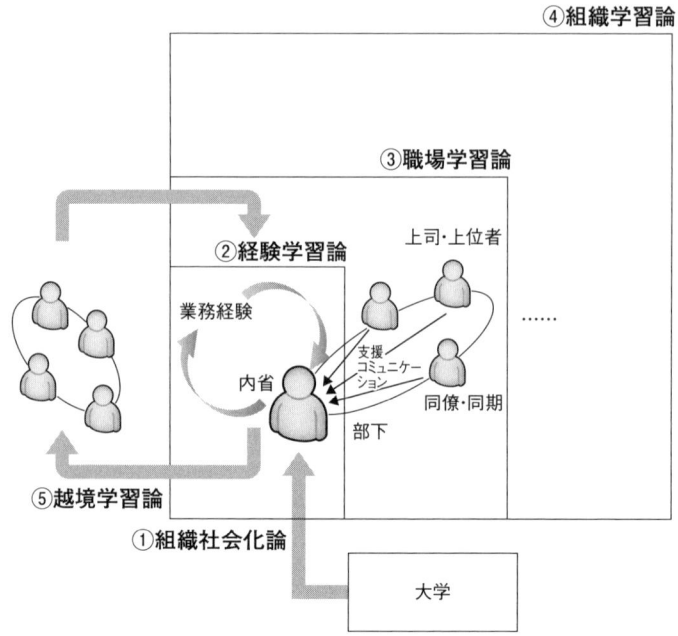

図6　今後の研究の方向性を示す概念図

　天賦の才能を持つ強い自己が，タフな仕事，ハードシップを経験し，内省を積み重ね，さらに強くなる。強みの上に，さらなる強みをつくる。そういう自己像が，今後のビジネスパーソンの理想像としてかかげられている。

　この種の理想像が世に広まる背景には，ビジネスの言説空間が持つ，「強い自己」に対する過度の信奉がある。言説は，すでに社会的に成功をおさめた成功者の語りを対象に，編まれることが多いことから，「強い自己」を理想像として描き，さらに彼らを強化するような要因の探索に向かわざるをえない。

　もちろん，それ自体が悪い訳ではない。また，自分の能力発達や成長に自分で責任を持つ態度は，すでに公教育を終えた成人にとっては，きわめて重要である。

　しかし，ふと自己の成長の軌跡を振り返ったとき，少なくとも自分は，自己の力だけで，今に至ったのではないことを思い知る。

　私たちは，本当に「個」のみの力によって成長し，学習を積み重ね，行動

を変化させてきたのだろうか。そこには，独立した個を支える他者の存在が
あったのではないだろうか。他者からの様々な支援，つながり，コミュニケ
ーションを通じて，私たちは少しずつ能力を向上させてきたのではないだろ
うか。そして「個」と他者が日々相対する場所は，「職場」であり，その職
場における学習のメカニズムをさぐることが重要なことではないのだろうか。
もちろん企業や職場は「学校」ではない。自律した個として本書で明らかに
したような他者と発達支援関係を，自らの力でデザインすること，すなわち，
「自分で自分の周囲に他者とのつながりをデザインすること」も，もちろん
「個」に求められる態度である。

　筆者が，本書を通じて問いかけたかったことは，これらにつきる。多くの
人々が，日々，仕事の現場で持っている感覚に，筆者は迫りたかった。本書
では，そのことを実証的に明らかにしてきたつもりである。

　もちろんのことながら，「つながり」「支援」「コミュニケーション」とい
う耳触りのよい言葉を並べ，いまや職場に失われた，濃密でタイトな人間関
係を復活させようとしたいわけではない。まして，上司—部下間の垂直的な
支配が当然のようになされていた「昔」をルネサンスしたいわけではない。
「失われたかつての日本企業」に戻れ，と言いたいわけでは断じてない。

　学習や成長の単位は，あくまで「個」である。この「個」を認め，「独立
した個として，人とつながること」こそが，今，求められていることなので
はないだろうか。「個として独立」するがゆえの「他律」を回復することこ
そが，今，求められていることなのではないだろうか。

　そうした仕事環境をつくりえたとするならば，それは，Learningful work
environment（学びに満ちた仕事環境）になるのではないだろうか。筆者は，
そのように考えている（Learningful は筆者の造語である）。

　今や，私たちが生きる社会は，日に日に「液状化（liquid）」の一途をたど
っている（Bauman 2001）。もはや，安定的で固定的（solid）な場所や構造な
ど，どこにもない。液状化する社会の中で，企業の境界はさらに「曖昧」な
ものになっている（Badaracco 1991）。

　日々繰り返される企業合併，リストラクチャリング。もはやそこには，い
わゆるフォーディズム（Hirsh 2007）を支えていた，高度経済成長期の日本

企業の姿はない。

　そんな中，職場の中には暗雲が立ち込める。人々のあいだには，他者の活動に対する無関心と，もはや「何者でもない私」として生きることを決め込む「脱領域性（exterritoriality）」の雰囲気が漂っている。

　しかし，こんな時代だからこそ，独立した「個」を支える「他者」の存在，そして，「他者とのコミュニケーション」の果たす役割，そして，日々，他者とともにある「職場」の役割が，クローズアップされてもよいのではないだろうか，と筆者は考える。

　それが単なる「ノスタルジー」なのか，それとも，私たちの未来を構想する「視座」のひとつたりえるかは，読者の方々の判断にまかせ，筆を擱くものとする。

あとがき

　とにかく，この書籍をここまで書き終えることができたことを，まずは素直に喜びたい。これまで，それなりの数の論文や書籍を著したり，編んだりしてきたが，1人で1冊すべてを書き上げることが，これほど長く苦しいものであるとは，想像すらできなかった。

　拙い分析や論理展開が多々目につくところが多々あることは承知している。言い足りないか，言い過ぎているところが多々あるだろう。このことで，お叱りを受けたり，ご批判をあおぐことも少なくないだろう。しかし，それらを真摯に受け止めつつ，自らの成長の糧としたい。

　研究の途上にて，本書を上梓することに決めたのは，ここ数年の研究に，いったんめどをつけなければ，筆者自身の成長に陰りがみえる，と判断したためである。発展途上の筆者の今後のため，様々なご意見をお寄せいただけると望外の幸せである。

　私事にて恐縮だが，筆者が大学院以来，研究者として一貫して興味を持ってきたのは「内省」「対話」「他者」「支援」「学習」というキーワードに代表される学習研究である。振り返ってみれば，この十数年，筆者の頭は，これらのワードに支配されてきた。

　これらのキーワードを連ねた学習のあり様，すなわち「他者との対話や支援を通じて内省し，学ぶこと」，いわゆる「協調学習」という研究領域の魅力にとりつかれ，時にはネット上の仮想空間において，時にはワークショップなどの対面状況下における協調学習研究を進めてきた。

　実際に自分の手で，学習者が参加可能な学習環境を構築し，そこで起こった出来事を見つめたり，学習効果を確かめる，というような実践的な研究を重ねてきた。その当時，筆者が探求していた研究対象は，主に，初等中等教育の学齢に達する子どもや，その教育現場，教育現場を支える教師たちであった。

　しかし，今から6年前，新たな研究分野を探求することに腹をくくり，

研究対象者を企業・組織で働くホワイトカラーの方々にうつした。自分にしか探求できない世界は何か，を筆者なりに考えた結果であった。

　煩悶のすえ，ふだん，自分が，街で，そして満員電車に揺られながら，いつも目にしている存在，すなわち「働く大人の学び」に迫ってみたいと願った。かくして，企業・組織で働くホワイトカラーの方々を研究対象とした学習研究が，静かにスタートした。

　企業というのは教育学の「辺境」である。企業内教育は，おそらく分野としては，生涯学習・社会教育の研究分野に含まれるのであろうが，企業を対象にした学習研究が年間に生み出される数は非常に限られている。

　また，人材育成，あるいは，職場の学習は，経営学の「辺境」である。競争戦略や企業会計といったハードな研究分野から比べると，人を扱うソフトな研究の数は，やはりマージナルな位置を占めているといわざるをえない。もちろん，それは後者の研究が重要でないということでは断じてない。

　教育学と経営学——筆者は，ふたつの領域の「辺境」にある，ぽっかりとあいている中空の領域を探求したいと願った。

　一般には，学問にはふたつのオリジナリティが必要である。「探求したい領域」と「探求する視点」だ。中空の領域を，どのような「まなざし」で見つめるか。そこでまっさきに脳裏に浮かんだのが，かつて，自分が探求していた「内省」「対話」「他者」「支援」「学習」といった視点である。これらの視点で，企業組織の職場における学習を探求すると，どうなるだろうか。それが，ここ6年間，密かに筆者が問い続けてきたことであり，本書の成果そのものである。数々の共同研究者にも恵まれ，探求が可能になったことは，本当に幸せなことであった。

　本書の執筆は，筆者にとって，「かつての自分」と「現在，そしてこれからの自分」をつなぎ合わせる作業でもあった。それに，今，「一区切り」をつけることができたことを素直に喜んでいる。

　もちろん，終わりとは始まりである。教育学と経営学の中空の領域の探求とは，言い換えるならば，ふたつの全く異なる学問領域が結合することで生じる，様々な「矛盾」や「葛藤」を抱きしめる行為である。いまだもって，それを自分なりに消化しきれていないことは，筆者の，次なる「成長課題」

であることを正直に吐露する。

　筆者の旅は，今，始まったばかりである。

　最後に本書を締めくくるにあたり，謝辞を述べる。

　まずは，本書のデータのもととなった他者支援調査で共同研究をなした富士ゼロックス総合教育研究所の坂本雅明氏，西山裕子氏，井形有希氏，小串記代氏，神戸大学松尾睦教授，また，ダイヤモンド社の永田正樹氏，浅井圭氏に心から感謝したい。

　特に，神戸大学の松尾睦教授，富士ゼロックス総合教育研究所の坂本雅明氏には，お忙しい中，本書のご試読・チェックをしていただいた。重ねて御礼申し上げる。

　また，データの整理，分析等を支援してくれた東京大学大学院 学際情報学府 中原研究室の木村充さんに感謝する。また，文献の収集，様々な書類手続きのアシスタントを務めてくれている阿部樹子さんにも感謝する。

　ともかく，多忙をきわめている筆者を支えてくれたのは彼らである。彼らのアシストなしでは，筆者の仕事の生産性は10分の1になったことであろう。

　他に，この場で一人ひとりのお名前を上げることは差し控えるものの，本書の執筆に有益な助言をいただいた同僚・研究者の方々にも御礼申し上げたい。もちろん，これらの人々から温かい支援と助言を頂いていたにもかかわらず本書に足りない部分，誤りがあるとすればそれは筆者ひとりの責任である。

　また，東京大学出版会の後藤健介さん，木村素明さん，角田光隆さん，そして東京大学出版会の前理事長であり，筆者の勤務する東京大学 大学総合教育研究センターの前センター長を務めていた岡本和夫先生（現・大学評価学位授与機構教授）にも心より感謝したい。これらの方々の支援によって，東京大学出版会からの出版が可能になった。後藤さん，木村さんには丁寧な編集をしていただいた。重ねて感謝する。

　また，筆者の勤務する東京大学大学総合教育研究センターのスタッフにも心から感謝する。とりわけ，一緒に仕事をすることの多い重田勝介助教，山本恵美さん，吉見俊哉センター長に心から感謝する。

　お忙しい中時間をさいて，本書の定量調査，また，ヒアリング調査にご協

力いただいた方々にも心より感謝する。会社名，ご本人のお名前は記すことはできないが，無味乾燥で拙い本書の表の「数字」，そして筆者の主張の背後には，皆さんの「声」がある。その「声」を筆者が代弁できたかどうかは疑わしいが，筆者なりに，そのことに努めようとしたことは偽らざる事実である。どうかお許しいただきたい。

次に，今となっては遅いかもしれないが，筆者が研究者になることを信じ，なけなしの家計の中から，筆者の教育費を負担してくれた北海道の両親，父敏，母優子にも感謝する。その教育投資の多くは「不良債権化」したかもしれないが，どうか許してほしい。

また，筆者を育ててくれた祖母キヨ，筆者を支援してくれた今は亡き祖母トミエにも感謝する。

最後に，妻と息子にも感謝したい。

週末公園に家族で出かけても，執筆を抱えているときの筆者は，常に「上の空」になる。そのように父親としては相当「ふがいない状態」を，妻は，許してくれた。共働きの子育ての中，自分も身体を休めたいと思っているのにもかかわらず，執筆中は，筆者が時間をとれるように，人知れず配慮してくれた。本当にありがとう。

息子は，その天真爛漫な笑顔で，疲れた筆者を慰めてくれた。その笑顔にいくら救われたことか，これは筆舌につきる。

……僕は君の「未来」を思う。

君が大きくなる頃，この国の企業や組織はどうなっているだろうか。君が勤務する職場は，どのようになっているのだろうか。君は，君自身を成長させてくれる素敵な他者，ともに働き汗を流せる仲間に，何人巡り会えることができるだろうか。

そんなことを密かに思いながら，今は，筆をおこう。

きっと「未来」は明るい。否，「明るくしなければならない」。私たちの後に続く世代のために，我々の力で，それを，明るく照らし出す他はないのである。

お世話になった皆様，本当に，ありがとうございました！

2010 年 8 月 20 日

東京大学・本郷キャンパスにて

中原　淳

新装版のためのあとがき

　拙著『職場学習論』の新装版のすすめを，東京大学出版会から賜り，ほぼ10数年ぶりに，この原稿を読み直す機会を得た．わたしは自らが著した「自分の作品」を，刊行後は，なるべく読まないようにしている．「過去の探究」にはしがみつかない．人事の研究は日進月歩だ．ならば，研究者としては，日々生まれる「ひとと組織の課題」をとらえ，新たな研究を生み出すことに向き合うことが重要だろう．かくして，この10数年，前進することだけを考えてきた．

　10年ぶりの原稿には，若気の至りも多々みられた．そして，部分的に，時代に合わなくなったような箇所も散見した．汗顔の至りである．しかし，一方で思ったのは，この書籍で筆者が主張した人材開発の基本原理は，一部は色褪せつつあるけれど，今もなお有効なのではないか，ということである．
　急速に普及しつつあるリモートワーク，いくつかの会社で取り組まれ始めている，いわゆるジョブ型雇用の議論．それらが今後，定着するかについては懐疑的な意見も多々あり，先は読めない．しかし，これだけは言えると感じるのは，本書で論じた「職場の人材育成」の危機はより深刻になりつつあるということだ．そして，それを駆動させる原理原則は，本書で論じたとおりである．

　幸い，この10年のあいだ本書は多くの研究者・実務家に読まれ，それに連なる研究や実践が多々生まれた．経営領域のみならず，医療福祉の領域などに新たな研究が生まれた事例もある．いくつかの企業が本書の知見を援用し，OJT制度の組み立てを行った事例もいくつもある．筆者自身も，志を同じくする研究者と中小企業を対象とした研究に取り組み，その知見をまとめつつある．

　本書で論じた職場は「二面性」をもつ場所である.

　ビジネスパーソンの多くは,日々の仕事のなかで,職場が「絶望」を生み出す瞬間に相対したことがあるだろう.事業や仕事がうまくいかないとき職場の空気は凍る.重苦しい沈黙が支配する.そこは絶望の場所だ.

　しかし一方,職場は,仕事における成長を実感できる「希望の場所」でもある.職場において,ひとびとがともに物事を達成し,振り返ることができたとき,そこは成長を実感できる場所にもなる.

　本書をきっかけに,この社会に働くひとびとがやりがいを感じ,成果を生み出せる「希望の職場」が,ひとつでも増えることを願っている.

2021 年 3 月吉日

中原　淳

参考文献

Abegglen, J. C.（1958）*The Japanese factory: Aspects of its social organization*. Free Press.

安藤史江（2001）組織学習と組織内地図. 白桃書房.

荒木淳子（2007）企業で働く個人の「キャリアの確立」を促す学習環境に関する研究：実践共同体への参加に着目して. 日本教育工学会論文誌. Vol. 31 No. 1 pp.15-27.

荒木淳子（2008）職場を越境する社会人学習のための理論的基盤の検討：ワークプレイスラーニング研究の類型化と再考. 経営行動科学. Vol. 21 No. 2 pp.119-128.

荒木淳子（2009）企業で働く個人のキャリアの確立を促す実践共同体のあり方に関する質的研究. 日本教育工学会論文誌. Vol. 33 No. 2 pp.131-14.

Argote, L. & McGrath, J. E.（1993）Group processes in organizations: Continuity and change. Cooper, C. L. & Robertson, I. T.（eds.）*International Review of Industrial and Organizational Psychology*. Addison-Wesley. pp.333-389.

Argyris, C. & Schön, D.（1978）*Organisational learning: A theory of action perspective*. Addison-Wesley.

Aubrey, R. & Cohen, P.（1995）*Working wisdom: Timeless skills and vanguard strategies for learning organizations*. Jossey-Bass.

Badaracco, J.（1991）The boundaries of the firm. Etzioni, A. & Lawrence, P. R.（eds.）*Socio-economics: Toward a new synthesis*. Sharpe. pp.293-327.

Baker, W. 中島豊（訳）（2000）ソーシャル・キャピタル：人と組織の間にある「見えざる資産」を活用する. ダイヤモンド社.

Barney, J.（1991）Firm resources and sustained competitive advantage. *Journal of Management*. Vol. 17 No. 1 pp.99-120.

Bateson, G. 佐藤良明（訳）（2000）精神の生態学 改訂第2版. 新思索社.

Bates, R. & Holton III, E. F.（2004）Linking workplace literacy skills and transfer system perception. *Human Resource Development Quarterly*. Vol.25 No. 2 pp.153-170.

Bauman, Z. 森田典正（訳）（2001）リキッド・モダニティ：液状化する社会. 大月書店.

Beach, K.（2003）Consequential transitions: A developmental view of knowledge propagation through social organization. Tuomi-Gröhn, T. & Engeström, Y.（eds.）*Between school and work : New perspective on transfer and boundary crossing*. Earli. pp.39-62.

Billet, S.（2004）Workplace participatory practice: Conceptualizing workplaces as learning environments. *Journal of Workplace Learning*. Vol. 16 No. 6 pp.312-324.

Bottrup, P.（2005）Learning in a network: A "third way" between school learning and

Workplace Learning. *Journal of Eorkplace Learning*. Vol. 17 No. 8 pp.506–520.

Boud, D. & Solomon, N. (2003) "I don't think I am a learner": Acts of naming learners at work. *Journal of Workplace Learning*. Vol. 15 No. 7/8 pp.326–331.

Bourdieu, P. (1986) The forms of capital. Richardson, J. G. (ed.) *Handbook of theory and research for the sociology of education*. Greenwood Press. pp.241–258.

Bourdieu, P. & Passeron, J. 宮島喬（訳）(1991) 再生産：教育・社会・文化. 藤原書店.

Bronfenbrenner, U. (1979) *The ecology of human development: Experiments by nature and design*. Harvard University Press.

Brown, J.S. (2000) Growing up digital : How the web changes work, education and the ways people learn. *Change*. March/April pp.10–20.

Bryk, A. S. & Schneider, B. (2002) *Trust in schools: A core resource for improvement*. Russel Sage Foundation.

Burt, R. S., Hogarth, R. M. & Michaud, C. (2000) The social capital of french and american managers. *Organizational Science*. Vol . 11 No. 2 pp.123–147.

Child, I. L. (1954) Socialization. Lindzey, G. (ed.) *Handbook of social psychology*. Addison-Wesley. pp.655–692.

中馬宏之 (2001) イノベーションと熟練. 一橋大学イノベーション研究センター（編）イノベーション・マネジメント入門. 日本経済新聞社. pp.245–285.

Clarke, N. (2004) HRD and the challenges of assessing learning in the workplace. *International Journal of Training and Development*. Vol. 8 No. 2 pp.140–156.

Cohen, D. & Prusak, L. (2001) *In good company*. Harvard Business Press.

Coleman, J. (1988) Social capital in the creation of human capital. *American Journal of Sociology*. Vol. 94 pp.95–120.

Collins, A., Brown, J, S., & Newman, S. E. (1989) Cognitive apprenticeship: Teaching the craft of reading, writing, and mathematics. Resnick, L. B. (ed.) *Knowing, learning, and instruction: Essays in honor of Robert Glaser*. LEA. pp.453–494.

Cromwell, S. E. & Kolb, J. A. (2004) An examination of work-environment support factors affecting transfer of supervisory skills training to the workplace. *Human Resource Development Quarterly*. Vol. 15 pp.449–471.

Crossan, M. M. et al. (1999) An organizational learning framework: From institution to Institution. *Academy of Management Review*. Vol. 24 No. 3 pp.522–537.

Denison, D. R. (1996) What is the difference between organizational culture and organizational climate?: A native's point of view on a decade of paradigm wars. *Academy of Management Review*. Vol. 21 No. 3 pp.619–654.

Dewey, J. 宮原誠一（訳）(1957) 学校と社会. 岩波書店.

Dewey, J. 市村尚久（訳）(2004) 経験と教育. 講談社.

Dreier, O. (1999) Personal trajectories of participation across contexts of social practice. *Educational Researcher*. Vol. 28 No. 2 pp.1–15.

Dubinsky, A. J., Howell, R. D., Ingram, T. N. & Bellenger, D. M. (1996) Salesforce socialization. *Journal of Marketing*. Vol. 50 pp.192–207.

Dyer, J. H. & Nobeoka K. (2000) Creating and managing a high performance knowledge-sharing network: The Toyota case. *Strategic Management Journal*. Vol. 21 pp.345–367.

Easterby-Smith, M, Crossan, M., & Nicolini, D. (2000) Organizational learning: Debates past, present and future. *Journal of Management Studies*. Vol. 37 No. 6 pp.783–796.

Edmondson, A. (1999) Psychological safety and learning behavior in work teams. *Administative Science Quarterly*. Vol. 44 pp.350–383.

Ellinger, A. D. (2005) Contextual factors influencing informal learning in a workplace setting: The case of "reinventing it self company". *Human Resource Development Quarterly*. Vol. 16 No. 3 pp.389–415.

Ellinger, A. D & Bostrom, A. (1999) Managerial coaching behaviors in learning organizations. *Journal of Management Development*. Vol. 18 No. 9 pp.752–771.

Ellinger, A. D & Bostrom, A. (2002) An examination of manager's beliefs about their roles as facilitator of learning. *Management Learning*. Vol. 33 No. 2 pp.147–179.

Engeström, Y., Engeström, R. & Kärkkäinen, M. (1995) Polycontextuality and boundary crossing in expart cognition: Learning and problem solving in complex work activities. *Learning and Instruction*. Vol. 5 pp.319–336.

Engeström, Y. (2004) New forms of learning in co-configuration work. *Journal of Workplace Learning*. Vol. 16 No. 1/2 pp.11–21.

Ericsson, K. A., Krampe, R., & Tesch-Romer, C. (1993) The role of deliberate practice in the acquisition of expert performance. *Psychological Review*. Vol. 100 No. 3 pp.363–406.

Feldman, D. C. (1976) A contingency theory of socialization. *Administrative Science Quarterly*. Vol. 21 pp.433–452.

Feldman.D. C. (1994) Who's socializing whom?:The impact of socializing newcomers on insiders, work group and organization. *Human Resource Management Review*. Vol. 4 No. 3 pp.213–233.

Fiol, C. M. & Lyles, M. A. (1985) Organizational learning. *Academy of Management Review*. Vol. 10 No. 4 pp.803–813.

Fitt, L. W. & Newton, D. A. (1981) When the mentor is a man and the protégé is a woman. *Harvard Buisiness Review*. Vol. 59 pp.56–60.

Fisher.C. D. (1986) Organizational socialization: An integrative review. Rowland, K. M. & Ferris, G. R. (eds.) (1986) *Research in Personnel and Human Resources Management*. Vol. 4 pp.101–145.

French, W. L., Kast, F. E. & Rosenzweig, J. E. (1985) *Understanding human behavior in organizations*. Harper & Row.

富士ゼロックス総合教育研究所（著）・中原淳・松尾睦（監修）(2008) 人材開発白書2009. 富士ゼロックス総合教育研究所.

Garrick, J.（1998）*Informal learning in the workplace: Unmasking human resource development*. Routledge.

George, J. M.（1990）Personality, affect, and behavior in groups. *Journal of Applied Psycology*. Vol. 75 pp.107–116.

Gould, S. J. 浦本昌紀・寺田鴻（訳）（1995）ダーウィン以来：進化論への招待. 早川書房.

濱中淳子（2008）ミドルの自己学習：自由時間における学びの構造分析. Works review. Vol.3 リクルートワークス研究所. pp.88–101.

Hamel, G. & Prahalad, C. K.（1994）*Competing for the future*. Harvard Business Press.

原ひろみ（2007）日本企業の能力開発：70 年代前半～2000 年代前半の経験から. 日本労働研究雑誌. No.563 June pp.84–100.

Hedberg, B. L. T.（1981）How organizations learn and unlearn. Nystrom, P. C. & Starbuck, W. H.（eds.）*Handbook of organizational design*. Oxford University Press. pp.3–27.

Hersey, P. & Blanchard, K.（1969）Life-cycle theory of leadership. *Training and Development Journal*. Vol. 23 pp.26–34.

樋口美雄・財務省財務総合政策研究所（2006）転換期の雇用・能力開発支援の経済政策：非正規雇用からプロフェッショナルまで. 日本評論社.

Hirsch, J. 表弘一郎・木原滋哉・中村健吾（訳）（2007）国家・グローバル化・帝国主義. ミネルヴァ書房.

Høyrup, S.（2004）Reflection as a core process in organizational learning. *Journal Workplace Learning*. Vol. 16 No. 8 pp.442–454.

Hodkinson, P.（2005）Reconceptualizing the relations between college-based and workplace learning. *Journal of Workplace Learning*. Vol.17 No.8 pp.521–532.

本田由紀（2005）若者と仕事：「学校経由の就職」を超えて. 東京大学出版会.

本田由紀（2009）教育の職業的意義：若者, 学校, 社会をつなぐ. 筑摩書房.

Huber, G. P.（1991）Organizational learning: The contributing processes and the literatures. *Organization Science*. Vol. 2 No. 1 pp.88–115.

今田高俊（1997）管理から支援へ：社会システムの構造転換をめざして. 組織科学. Vol. 30 No. 3 pp.4–15.

今田高俊（2000）支援型の社会システムへ. 支援基礎論研究会（編）支援学：管理社会をこえて. 東方出版.

伊丹敬之（1984）新・経営戦略の論理：見えざる資産のダイナミズム. 日本経済新聞社.

伊丹敬之（2009）イノベーションを興す. 日本経済新聞社.

James, L. R.（1982）Aggregation bias in estimates of perceptual agreement. *Journal of Applied Psychology*. Vol. 67 pp. 85-98.

Jarvis, P.（1995）*Adult and continuing education*. Routledge.

Jaworski, B. J. & Kohli, A. K.（1991）Supervisory feedback: Alternative types and their impact on salespeople's performance and satisfaction. *Journal of Marketing Research*. Vol. 28 pp.190–201.

加護野忠男（1988a）　組織認識論：企業における創造と革新の研究．千倉書房．

加護野忠男（1988b）　企業のパラダイム変革．講談社．

金井壽宏（2002）　仕事で「一皮むける」：関経連「一皮むけた経験」に学ぶ．光文社．

金井壽宏（2005）　リーダーシップ入門．日本経済新聞社．

金井壽宏・池田守男（2007）　サーバント・リーダーシップ入門：引っ張るリーダーから支えるリーダーへ．かんき書房．

加登豊（2008）　日本企業の品質管理問題と人づくりシステム．　青島矢一（編）　企業の錯誤／教育の迷走：人材育成の「失われた一〇年」．東信堂．pp.151-182.

加藤浩・井出有紀子・鈴木栄幸（1999）　状況論的アプローチによる情報教育のための協同学習環境のデザインと評価：プログラム対戦ゲーム「アルゴアリーナ」の開発と実践．情報処理学会論文誌．Vol. 40 No. 5 pp.2497-2507.

Katz, D.& Kahn, R. L.（1978）*The social psychology of organizations（2nd ed.）*. Wiley.

Kim, D. H.（1993）The link between individual and organizational learning. *Sloan Management Review*. Fall pp.37–50.

Kirby, J. R. Knapper, C. K., Evans, C. J., Carty, A. E. & Gadula, C.（2003）Approaches to learning at work and workplace climate. *International Journal of Training and Development*. Vol. 7 No. 1 pp.31–52.

北村智・中原淳・荒木淳子・坂本篤史（2009）　業務経験を通した能力向上と組織における信頼，互酬性の規範．組織科学．Vol. 42 No. 4 pp.92-10.

北村智（2010）　協調学習研究における理論的関心と分析方法の整合性：階層的データを扱う統計的分析手法の整理．日本教育工学会論文誌．Vol. 33 No. 3 pp.343-352.

Knowles, M. S.（2005）*The adult learner（6th ed.）: The definitive classic in adult education and human resource development*. Butterworth-Heinemann.

小橋康章（2000）　もうひとつの支援．支援基礎論研究会（編）　支援学：管理社会をこえて．東方出版．pp.29-48.

小橋康章・飯島淳一（1997）　支援の定義と支援論の必要性．組織科学．Vol. 30 No. 3 pp.16-23.

小林哲郎・池田謙一（2007）　若年層の社会化過程における携帯メール利用の効果：パーソナル・ネットワークの同質性・異質性と寛容性に注目して。　社会心理学研究．Vol. 23 pp.82-94.

小林裕（2000）　人事評価制度．外島裕・田中堅一郎（編）　産業・組織心理学エッセンシャルズ．ナカニシヤ出版．pp.35-63.

小池和男（2000）　聞きとりの作法．東洋経済新報社．

Kolb, D. A.（1984）*Experiential learning: Experience as the source of learning and development*. Prentice Hall.

Kram, C.（1985）*Mentoring at work: Developmental relationships in organizational life*.

Scott Foresman & Co.

栗田佳代子（1996）　観測値の独立性の仮定からの逸脱が t 検定の検定力に及ぼす影響. 教育心理学研究. Vol. 44 pp.234-242.

鯨岡峻（1999）　関係発達論の構築：間主観的アプローチによる. ミネルヴァ書房.

鯨岡峻（2002）　〈育てられる者〉から〈育てる者〉へ：関係発達の視点から. 日本放送出版協会.

楠見孝（1999）　中間管理職のスキル, 知識とその学習. 日本労働雑誌. Vol. 474 pp.39-49.

Lave, J. & Wenger, E.（1991）*Situated learning: Legitimate peripheral participation.* Cambridge University Press.

Lengermann, P. A（1996）The benefits and costs of training: A comparison of formal company training, vendor training, outside seminars, and school based training. *Human Resource Management.* Vol. 35 No. 3 pp.361-381.

Lesgold, A., Rubinson, H., Feltovich, P., Glaser, R., Klopfer, D. & Wang, Y.（1988）Expertise in a complex skill: Diagnosing x ray pictures. Chi, M. T. H., Glaser, R. & Farr, M.（eds.）, *The nature of expertise.* Hillsdale, LEA. pp.311-341.

Levitt, B. & March, J. G.（1988）Organizational learning. *Annual Review of Sociology.* Vol. 14 pp.319-340.

Louis, M. R., Posner, B. Z. & Powell, G. N.（1983）The availability and helpfulness of socialization practices. *Personnel Psychology.* Vol. 36 pp.857-866.

Louis, M. R.（1980）Surprise and sense making: What newcomers experience in entering unfamiliar organizational settings. *Administrative Science Quaterly.* Vol. 25 pp.226-249.

Looi, C.（1999）A learning ecology perspective for the internet. *Educational Technology.* Vol. 40 pp.56-60.

Maidique, M. A. & Zirger, B. J.（1985）The new product learning cycle. *Research Policy.* Vol. 14 pp.299-309.

Marsick, V. J. & Watkins, K. E.（1990）*Informal and incidental learning in the workplace.* Routledge.

Marsick, V. J. & Watkins, K. E.（2001）Informal and incidental learning. *New Directions for Adult and Continuing Education.* No. 89 pp.25-33.

Martocchio, J. J. & Baldwin, T. T.（1997）The evolution of strategic organizational training. *Human Resources Management.* Vol. 15 pp.1-46.

Maslow, A. H.（1954）*Motivation and personality.* Harper & Row.

松尾睦（2002）　内部競争のマネジメント：営業組織のイノベーション. 白桃書房.

松尾睦（2006）　経験からの学習：プロフェッショナルへの成長プロセス. 同文舘出版.

松尾睦（2009）　学習する病院組織：患者志向の構造化とリーダーシップ. 同文舘出版.

松尾陸・中原淳（2009）　職場の学習風土に関する定量的研究. 2009 年度組織学会研

究発表大会報告要旨集．pp.279–282.

McCall, M. W.（1988a）*The lessons of experience: How successful executives develop on the job*. Free Press.

McCall, M. W.（1988b）*High flyers: Developing the next generation of leaders*. Harvard Bussiness Press.

Mclnerney, C.（2002）Knowledge management and the dynamic nature of knowledge. *Journal of The american Society for Information*. Vol. 53 October pp.1009–1018.

Mehra, A., Dixon, A. L., Brass, D. J. & Robertson, B.（2006）The social network ties of group leaders: Implications for group performance and leader reputation. *Organization Science*. Vol. 17 No. 1 pp.64–79.

Mezirow, J.（2000）*Learning as transformation: Critical perspectives on a theory in progress*. Jossey-bass.

Mintzberg, H.（2004）*Managers not MBAs: A hard look at the soft practice of managing and management development*. Berrett-Koehler Publisher.

三宅なほみ・波多野誼余夫（1991）日常的認知活動の社会文化的制約．日本認知科学会（編）認知科学の発展．Vol. 4 学習　pp.105–131.

溝上慎一・中間玲子・山田剛史・森朋子（2009）学習タイプ（授業・授業外学習）による知識・技能の獲得差異．大学教育学会誌．Vol. 31 No. 1 pp.112–119.

森朋子（2009）初年次における協調学習のエスノグラフィ．日本教育工学会論文誌．Vol. 33 No. 1 pp.31–40.

Morrison, R. F. & Brantner, T. M.（1992）What enhances or inhibits learning a new job?: A basic career issue. *Journal of Applied Psychology*. Vol. 77 No. 6 pp.926–940.

村上史朗・石黒格（2005）謙遜の生起に対するコミュニケーション・ターゲットの効果．社会心理学研究．Vol. 21 pp.1–11.

内閣府（2007）平成 19 年 国民生活白書（http://www5.cao.go.jp/seikatsu/whitepaper/h19/01_honpen/index.html）.

中原淳（1999）語りを誘発する学習環境のエスノグラフィー．日本教育工学雑誌．Vol. 23 No. 1　pp.23–35.

中原淳（2010）企業における学び．渡部信一（編）・佐伯胖（監修）「学び」の認知科学事典．大修館書店　pp.264–275.

中原淳・金井壽宏（2009）リフレクティブ・マネジャー：一流はつねに内省する．光文社.

中島義明（1999）心理学辞典．有斐閣.

日本認知科学会（2002）認知科学辞典．共立出版.

日本能率協会（2005）成果主義に関する調査（http://www.jma.or.jp/release/data/pdf/20050223.pdf）.

丹羽清（2010）イノベーション実践論．東京大学出版会.

Nonaka, I. & Takeuchi, H.（1995）*The knowledge creating company: How Japanese companies create the dynamics of innovation*. Oxford University Press.

沼上幹・軽部大・加藤俊彦・田中一弘・島本実（2007）　組織の〈重さ〉：日本的企業組織の再点検. 日本経済新聞出版社.

尾形真実哉（2009）　導入時研修が新人の組織社会化に与える影響の分析. 甲南経営研究. Vol. 49 no. 4 pp.19-61.

岡本夏木・清水御代明・村井潤一（監修）（1995）　発達心理学辞典. ミネルヴァ書房.

大庭さよ・藤原美智子（2008）「学び」の場から「働き」の場へ：ある一企業社員のインタビュー調査から. カウンセリング研究. Vol. 41 No. 2 pp.108-118.

Organ, D. W.（1997）Organizational citizenship behavior: It's construct clean-up time. *Human Performance*. Vol. 10 pp.85-97.

Orr, J.（1996）*Talking about machines: An ethnography of a modern job*. Cornell University Press.

Palincsar, A. S., & Brown, A. L.（1984）. Reciprocal teaching of comprehension-fostering and comprehension-monitoring activities. *Cognition and Instruction*. Vol. 1 No. 2 pp.17-75.

Paulus, P. B.（2000）Group, team and creativity. *Applied Psychology: An International Review*. Vol. 49 pp.237-262.

Podsakoff, P. M. MacKenzie, S. B, Moorman, R. H. & Fetter, R.（1990）Transformational leader behaviors and their effects of follower's trust in leader, satisfaction and organizational citizenship behaviors. *Leadership Quarterly*. Vol. 1 pp.107-142.

Podsakoff, P. M., MacKenzie, S. B. & Hui, C.（1993）Organizational citizenship behaviors and managerial evaluations of employee performance : A review and suggestions for future research. *Research in Personal and Human Resource Management*. Vol. 11 pp.1-40.

Porter, M. E.（1985）*Competing strategy*. NewYork Press.

Prahalad, C. K. & Hamel, G.（1990）The core competence of the corporation. *Harvard Business Review*. Vol. 68 No. 3 pp.79-91.

Putnam, R. D.（1993）*Making democracy work: Civic traditions in modern Italy*. Princeton University Press.

Putnam, R. D. 柴内康文（訳）（2006）　孤独なボウリング：米国コミュニティの崩壊と再生. 柏書房.

Reichers, A. E.（1987）An Interactionist perspective on newcomer socialization rates. *Academy of Management Review*. Vol. 12 pp.278-287.

連合総研（2008）第16回勤労者の仕事と暮らしについてのアンケート調査報告書（http://www.rengo-soken.or.jp/report_db/pub/detail.php?uid＝195）.

Rogoff, B.（1990）*Apprenticeship in thinking: Cognitive development in social context*. Oxford University Press.

Rousseau, D. M.（1989）Psychological and implied contracts in organizations. *Employee Rights and Responsibilities Journal*. Vol. 2 pp.121-139.

Rousseau, D. M.（1990）New hire perceptions of their own and their employer's obligations: A study of psychological contracts. *Journal of Organizational Behavior*. Vol.

11 pp.389-400.

佐伯胖・若狭蔵之助・中西新太郎（1996）　学びの共同体．青木書店．

榊原國城（1991）　教育訓練が地方自治体職員の管理的能力の自己評価に与える影響．経営行動科学．Vol. 6 No. 2 pp.93-105.

榊原國城（2004）　職務遂行能力自己評価に与える OJT の効果：地方自治体職員を対象として．産業・組織心理学研究．Vol. 18 No. 1 pp.23-31.

榊原國城・若林満（1990）　地方自治体職員の管理能力．経営行動科学．Vol. 5 No. 1 pp.17-25.

坂本雅明・中原淳・松尾睦（2009）　人材開発白書 2010．富士ゼロックス総合教育研究所．

佐藤博樹・武石恵美子（2009）　人を活かす企業が伸びる：人事戦略としてのワーク・ライフ・バランス．勁草書房．

Schein, E. H.（1968）Organizational socialization and the profession of management. *Industrial Manegement Review*. Vol. 9 pp.1-16.

Schein, E. H.（1978）*Career dynamics: Matching individual and organizational needs*. Addison-Wesley.

Schön, D. A.（1983）*The reflective pactitioner: How professionals think in action*. Basic Books.

Setton, R. P., Bennett, N. & Liden, R.C.（1996）Social exchange in organizations: Percieved organizational support, leader-member exchange and employee reciprocity. *Journal of Applied Psychology*. Vol. 81 pp.219-227.

志水宏吉（1998）　教育のエスノグラフィー：学校現場のいま．嵯峨野書院．

Shumpeter, J.（1934）*The theory of economic development: An inquiry into profits, capital, credit, interest, and the bvsiness cycle*. Harvard University Press.

Shumpeter, J.（1950）*Capitalism, socialism and democracy*. Harper & Row.

Spreitzer, G. M., McCall, M. W. & Mahoney, J. D.（1997）Early identification of international executive potential. *Journal of Applied Psychology*. Vol. 82 pp.6-29.

Super, D. E.（1963）Career development: Self-concept theory, essays in vocational development. College Entrance Examination Board.

Sutton, R. I. & Louis, M. R.（1987）How selecting and socializing newcomers influences insiders. *Human Resource Management*. Vol. 26 pp.347-361.

鈴木竜太・北居明（2005）　組織行動論における集団特性の分析手法：マルチレベル分析に関する研究ノート．神戸大学大学院経営学研究科　Discussion Paper 45.

谷口智彦（2006）　マネジャーのキャリアと学習：コンテクスト・アプローチによる仕事経験分析．白桃書房．

谷口智彦（2009）　「見どころのある部下」支援法：幹部候補生に上司が贈る「4つの質問」．プレジデント社．

Taylor, F. 有賀裕子（訳）（2009）　新訳 科学的管理法：マネジメントの原点．ダイヤモンド社．

Tomasello, M., Carpenter, M. Call, J., Behne, T. & Moll, H.（2005）Understanding and sharing intentions: The origins of cultural cognition. *Behavior and Brain Sciences*. Vol. 28 pp.675–691.

浦聖子・古川久敬（2004） 看護チームにおいて成功経験とつまづき経験はどう活かされているか. 第45回日本社会心理学会大会論文集（オンライン）（http://www. wdc-jp.biz/cgi-bin/jssp/wbpnew/master/download.php?submission_id=2004-C-0078 & type=1）.

Van Maanen, J. & Schein, E. H.（1979） Toward a theory of organizational socialization. Staw, B. M.（1979） *Organizational behavior*. JAI Press. pp.209–264.

Van Oers, B.（1998） From context to contextualizing. *Learning and Instruction*. Vol. 8 pp.473–488.

Vygotsky, L. S.（1927） *The collected works of L. S. Vygotsky: Volume 4: The history of development of higher mental functions*. Plenum Press.

Vygotsky, L. S.（1970） 柴田義松（訳） 精神発達の理論. 明治図書出版.

Wanous, J. P.（1973） Effects of arealistic job preview on job acceptance, job attitude and job survival. *Journal of Applied Psychology*. Vol. 58 pp.327–332.

Wanous, J. P.（1992） Organizational entry: Newcomers moving from outside to inside. *Psychological Bulletin*. Vol. 84 pp.601–618.

Watkins, K. E. & Marsick, V. J.（1993） *Sculpting the learning organization:Lessons in the art and science of systemic change*. Jossey-Bass

Wellman, B.（1979） The community question : The intimate networks of east yorkers. *American Journal of Sociology*. Vol. 84 pp.1201–1231.

Wenger, E.（1998） *Communities of practice: Learning, meaning and identity*. Cambridge University Press.

Wood, D. J., Bruner, J. S. & Ross, G.（1976） The role of tutoring in problem solving. *Journal of Child Psychiatry and Psychology*. Vol.17 No. 2 pp.89–100.

Woodman, R. W. Sawyer, J. E. & Griffin, R. W.（1993） Toward a theory of organizational creativity. *Academy of Management Review*. Vol. 18 No. 2 pp.293–321.

Wright, P. M. & McMahan, G. C.（1992） Theoretical perspectives for strategic human resource management. *Journal of Management*. Vol. 18 No. 2 pp.295–320.

山田礼子（2009） 大学教育を科学する：学生の教育評価の国際比較. 東信堂.

山岸俊男（1998） 信頼の構造：こころと社会の進化ゲーム. 東京大学出版会.

山口悦司・稲垣成哲（1998） 科学教育におけるエスノメソドロジーの意義. 科学教育研究. Vol. 22 No. 4 pp.204–214.

山内祐平（2003） 学校と専門家を結ぶ実践共同体のエスノグラフィー. 日本教育工学雑誌. Vol. 26 No. 4 pp.299–308.

Yukl, G.（2006） *Leadership in organizations*. Prentice Hall.

186

索　引

著者略歴
1975 年　北海道に生れる
1998 年　東京大学教育学部卒業
2001 年　大阪大学大学院人間科学研究科博士後期課程中途退学
2003 年　大阪大学博士号（人間科学）取得
2006 年　東京大学 大学総合教育研究センター　助教授
2007 年　東京大学 大学総合教育研究センター　准教授
現　在　立教大学経営学部教授
　　　　立教大学大学院 経営学研究科 リーダーシップ開発コ
　　　　ース主査

主要著書
『経営学習論　増補新装版』（2021 年，東京大学出版会）
『人材開発研究大全』（編著，2017 年，東京大学出版会）
『組織開発の探究』（共著，2018 年，ダイヤモンド社）
『サーベイ・フィードバック入門』（2020 年，PHP 研究所）

NAKAHARA-LAB.NET（http://www.nakahara-lab.net/）

職場学習論　新装版　　仕事の学びを科学する

2021 年 4 月 8 日　初　版
2024 年 4 月 5 日　第 2 刷

［検印廃止］

著　者　中原　淳
　　　　なかはら　じゅん

発行所　一般財団法人　東京大学出版会

代 表 者　吉見俊哉

153-0041 東京都目黒区駒場 4-5-29
https://www.utp.or.jp/
電話　03-6407-1069　Fax 03-6407-1991
振替　00160-6-59964

装　幀　水戸部功
印刷所　株式会社理想社
製本所　牧製本印刷株式会社

© 2021 Jun Nakahara
ISBN 978-4-13-040302-3　Printed in Japan

経営学習論 増補新装版——人材育成を科学する　　中原 淳

これまでの経営学習論の研究成果を紹介・総括し，さらには独自の実証的な調査データを駆使して，組織経営における有効な人材能力形成施策を展望する定番書が，書き下ろしの新章「リーダーシップ開発」を加えて装いも新たにリニューアル刊行.
A5判／3000円

人材開発研究大全　　中原 淳 編

人的資源開発論，産業組織心理学，経営学習論などさまざまな学問アプローチを駆使し，組織への参入前から退出まで，医療職や教職までをも含め，人材開発の最新の知見をここに集約する.
人材育成の研究や現場のための一大リファレンス.
A5判／9200円

活躍する組織人の探究——大学から企業へのトランジション　　中原 淳／溝上慎一 編

大学から企業へ円滑に移行できる人材，素早く効率的に組織適応できる人材，組織革新を担える人材を採用・選抜するために，現在企業で活躍するビジネスパーソンがどのような意識・行動で大学生活を過ごしていたのかを質問紙調査から明らかにする.
A5判／3600円

スタートアップ入門　　長谷川克也

東京大学の人気講座・東京大学アントレプレナー道場で講義されている起業するための基礎知識を完全網羅. 本郷バレーと呼ばれ，200社以上が設立した東大発スタートアップはどのような授業をしているのか，人気講座・はじめての入門書.
A5判／2500円

テクノロジー・スタートアップが未来を創る——テック起業家をめざせ　　鎌田富久

東京大学の人気講座・アントレプレナー道場の看板講師であり，自らも学生時代に ACCESS を共同創業し，現在はエンジェル投資家でもある著者が，豊富な経験から指南する大学発ベンチャーのススメ.
四六判／1600円